# 2018
# 세무사 핵심정리
# 행정소송법

김기홍

박영사

# 머리말

## 출간배경

2017년부터 나무경영아카데미에서 세무사 행정소송법을 강의하게 된 김기홍 강사입니다. 제가 변호사시험·5급공채(행정고시)·공인노무사시험 강의를 시작한 지 이제 12년이 되었습니다. 매년 수천 명의 수강생들이 저의 실강의와 동영상 강의를 수강하여 시험에 합격합니다. 열정과 실력 그리고 성실한 강의에는 최고의 강의교재가 필요합니다.

다시 초심으로 돌아가 세무사시험의 기출문제를 한 문제 한 문제 분석하여 『2018 세무사 핵심정리 행정소송법(김기홍)』을 출간합니다. 성실한 강의와 완벽한 교재를 통해 행정소송법을 완벽하게 정리해 드리겠습니다.

## 2018 세무사 핵심정리 행정소송법의 특징

1   2005년부터 2017년까지의 행정소송법 기출지문을 하나도 빠짐없이 분석하여 본문에 수록하였습니다. 따라서 기출문제를 따로 정리하지 않으셔도 됩니다.

2   기출문제를 분석하여 판례와 조문 및 내용에 별표★★★로 중요도를 표시하였습니다. 별표 하나는 '보통', 둘은 '중요', 셋은 '매우 중요'하다는 의미입니다. 별표 둘과 셋은 반드시 숙지하셔야 할 내용입니다.

3   주의하셔야 할 내용(헷갈리기 쉬운 내용)은 따로 표시✦를 하였습니다.

4   암기를 하셔야 할 내용은 형광펜 기능을 사용하여 핵심 키워드를 표시하였습니다.

5   자주 출제되는 판례는 암기의 편의를 위해 일정하게 유형화하여 정리하였습니다(예: 긍정한 판결 / 부정한 판결).

6   행정소송법과 관련된 행정법 일반론 부분도 각 쟁점별로 수록하였습니다(예: 건축신고, 처분적 법규명령, 행정계획, 통지, 공법상 계약 등).

7   행정소송법을 처음 공부하시는 분들을 위해 풍부한 예와 기초개념을 괄호에 넣었습니다.

8   2017년 6월까지의 최신판례도 수록하였습니다.

## 감사의 말씀

이 책의 출간에 도움을 주신 박영사 안종만 회장님, 조성호 이사님, 김선민 부장님, 문선미 과장님께 감사드립니다.

독자분들의 소망이 꼭 이루어지길 빌면서

2017. 8.

김기홍

# 차례

## 제1장 일반론

# 제2장 항고소송

# CHAPTER
# 01
# 일반론

## 제1절 행정소송의 개념

### ○ 제1항 행정소송의 의의

#### Ⅰ. 의의

행정소송이란 행정법상의 법률관계에 대한 분쟁으로 권리를 침해받은 자가 소를 제기한 경우 법원이 이를 심리·판단하는 재판절차를 말한다.

#### Ⅱ. 유사제도와 구별

##### 1. 행정심판과 구별

행정심판이란 행정법상 분쟁을 행정기관이 심리·판단하는 절차를 말하며(약식쟁송), 행정소송이란 행정법상 분쟁을 법원이 심리·판단하는 절차를 말한다(정식쟁송 — 행정부와는 독립한 사법부에서 분쟁을 심리하는 쟁송을 말한다).

##### 2. 민사·형사소송과 구별

민사소송은 사법(私法)상 법률관계에 대한 분쟁을 대상으로 하는 소송이며, 형사소송은 국가형벌권 행사의 요건과 범위를 정하는 소송이다. 그러나 행정소송이란 행정사건(행정에 관한 공법상의 분쟁)을 대상으로 하는 소송이다.

##### 3. 헌법소송과 구별

헌법소송은 행정소송과 마찬가지로 공법상 분쟁에 대한 소송이지만, 행정소송은 공법상 분쟁 중 헌법소송사항을 제외한 분쟁을 대상으로 한다. 헌법소송사항은 헌법 제111조 제1항에 열거되어 있다(제111조 ① 헌법재판소는 다음 사항을 관장한다. 1. 법원의 제청에 의한 법률의 위헌 여부 심판, 2. 탄핵의 심판, 3. 정당의 해산 심판, 4. 국가기관 상호 간, 국가기관과 지방자치단체 간 및 지방자치단체 상호 간의 권한쟁의에 관한 심판, 5. 법률이 정하는 헌법소원에 관한 심판).

## Ⅲ. 행정소송의 기능

행정소송법은 제1조에서 "이 법은 행정소송절차를 통하여 행정청의 위법한 처분 그 밖에 공권력의 행사·불행사등으로 인한 국민의 권리 또는 이익의 침해를 구제하고, 공법상의 권리관계 또는 법적용에 관한 다툼을 적정하게 해결함을 목적으로 한다"고 규정한다. 즉 행정소송의 중요한 두 기능은 '권리구제(권리가 침해된 자의 권리를 회복시키는 기능)'와 '행정통제(행정권을 통제하여 행정법규의 적정한 적용을 확보하는 기능)'이다. 물론 중심적인 것은 권리구제기능이다.

## ● 제2항  행정소송의 종류

## Ⅰ. 행정소송법상 행정소송

행정소송법 제3조는 행정소송의 종류를 항고소송·당사자소송·민중소송·기관소송으로 구분한다. 그리고 동법 제4조는 항고소송을 취소소송·무효등확인소송·부작위위법확인소송으로 구분하고 있다.

---

**참고** **행정행위(처분)의 성립·효력발생·적법요건**

**1. 행정행위의 성립요건**

행정행위는 ① 행정기관의 행위이며, ② 내부적인 의사결정이 있어야 하고, ③ 외부로 표시되어야 성립된다. 성립요건이 미비되면 행정행위가 불성립하며 사인은 행정소송법 제4조 제2호(무효등 확인소송: 행정청의 처분등의 효력 유무 또는 존재 여부를 확인하는 소송)의 부존재확인소송을 제기할 수 있다.

**2. 행정행위의 효력발생요건**

행정행위가 상대방에게 도달(통지)함으로서 행정행위의 효력은 발생한다. 효력발생요건이 흠결된 행정행위는 무효이다. 사인은 행정소송법 제4조 제2호(무효등 확인소송: 행정청의 처분등의 효력 유무 또는 존재 여부를 확인하는 소송)의 무효확인소송을 제기할 수 있다.

**3. 행정행위의 적법요건**

아래의 적법요건에 흠결이 있으면 위법한 행정행위가 되며, 그 위법의 정도에 따라 취소사유가 되거나 무효사유가 된다. 사인은 행정소송법 제4조 제1호(취소소송: 행정청의 위법한 처분등을 취소 또는 변경하는 소송)의 취소소송이나 제2호의 무효확인소송을 제기할 수 있다.

**(1) 주체**  행정행위는 권한을 가진 기관이 권한의 범위 내에서 행사하여야 한다.

**(2) 절차**  개별법 및 행정절차법상의 절차를 준수해야 한다.

**(3) 형식**  행정청이 처분을 할 때에는 다른 법령 등에 특별한 규정이 있는 경우를 제외하고는

---

문서로 하여야 한다.

**(4) 내용**　　법률유보의 원칙(행정은 법적 근거를 갖고서 이루어져야 한다는 원칙)상 중요한 사항(특히 침익적 사항)은 법적 근거를 요한다. 그리고 법률우위의 원칙(행정이 법률에 위반되는 행위를 해서는 아니 된다는 원칙)상 성문법 및 불문법에 위반되지 않아야 한다.

## Ⅱ. 주관적 소송과 객관적 소송

주관적 소송이란 개인의 권리의 구제를 주된 내용으로 하는 행정소송을 말하고, 객관적 소송이란 개인의 권리구제가 아니라 행정법규의 적정한 적용을 주된 내용으로 하는 행정소송을 말한다(예를 들어 운전면허가 취소된 자가 면허취소처분의 취소를 청구하는 소송은 주관적 소송이며, 환경보호단체가 환경침해를 수반하는 처분의 취소를 청구하는 소송은 객관적 소송(공익을 위한 소송)이다). 행정소송법상 항고소송과 당사자소송은 주관적 소송이며, 민중소송과 기관소송은 객관적 소송이다.

## Ⅲ. 형성소송·확인소송·이행소송

① 형성소송이란 행정법관계의 발생·변경·소멸을 가져오는 판결을 구하는 소송을 말한다(예: 위법한 운전면허취소처분의 취소를 구하는 취소소송 → 취소한다는 판결). 형성소송의 인용판결은 형성판결(○ → × 또는 × → ○)이며, 형성판결은 형성력을 갖는다(형성판결이 확정되면 특별한 의사표시 내지 절차 없이 당연히 행정법상 법률관계의 발생·변경·소멸을 가져오는 효력). ② 확인소송이란 처분등의 효력 유무 또는 존재 여부를 확인하거나 권리·법률관계의 존부의 확인을 구하는 소송을 말한다(예: 전자는 위법한 운전면허취소처분의 무효확인을 구하는 소송, 후자는 위법하게 파면된 국가공무원이 여전히 공무원신분이 존재한다는 것을 확인해줄 것을 요구하는 소송 → 확인한다는 판결). 확인소송에서 인용판결은 확인판결이다. ③ 이행소송이란 행정청에게 일정한 행위(작위·부작위)를 하라는 이행명령을 법원에 구하는 소송을 말한다(예: 국가공무원이 국가를 상대로 미지급된 봉급의 지급을 청구하는 소송 → 이행하라는 판결). 이행소송에서 인용판결은 이행판결이다.

**참고**

**행정심판법상 행정심판의 종류**

**제5조(행정심판의 종류)** 행정심판의 종류는 다음 각 호와 같다.
1. 취소심판: 행정청의 위법 또는 부당한 처분을 취소하거나 변경하는 행정심판
2. 무효등확인심판: 행정청의 처분의 효력 유무 또는 존재 여부를 확인하는 행정심판
3. 의무이행심판: 당사자의 신청에 대한 행정청의 위법 또는 부당한 거부처분이나 부작위에 대하여 일정한 처분을 하도록 하는 행정심판

## ● 제3항　행정소송의 특수성

⑴ 행정소송도 정식재판이라는 면에서 다른 소송들과 다르지 않다. 따라서 행정소송법 제8조 제2항은 "행정소송에 관하여 이 법에 특별한 규정이 없는 사항에 대하여는 법원조직법과 민사소송법 및 민사집행법의 규정을 준용한다"고 규정하고 있다.★★★ 다만 행정소송은 그 대상이 주로 행정청의 위법한 공권력 행사라는 점에서 민사소송법 등과는 달리 취급될 필요가 있다. 따라서 행정소송법은 집행부정지의 원칙(동법 제23조), 직권심리(동법 제26조), 사정판결(동법 제28조) 등을 두고 있다(자세한 내용은 후술한다).

⑵ 행정소송의 경우 국외에서 기간 산정의 특례를 규정한다. 즉, 행정소송법에 의한 기간의 계산에 있어서 국외에서의 소송행위추완에 있어서는 그 기간을 14일에서 30일로, 제3자에 의한 재심청구에 있어서는 그 기간을 30일에서 60일로, 소의 제기에 있어서는 그 기간을 60일에서 90일로 한다(행정소송법 제5조).

## ● 제4항　행정소송법 개정문제

법무부 행정소송법 개정안의 주요 내용을 소개한다.

주요 내용은 ① 의무이행소송의 도입, ② 가처분제도의 도입, ③ 항고소송의 원고적격 확대, ④ 당사자소송의 활성화, ⑤ 집행정지 요건의 완화, ⑥ 행정소송과 민사소송 간의 소의 변경 및 이송의 범위 확대, ⑦ 취소판결의 기속력으로서 결과제거의무 인정, ⑧ 기관소송법정주의 폐지, ⑨ 이해관계 있는 제3자에게 제소사실 통지제도 신설, ⑩ 행정청에 대한 자료제출요구권 신설 등이다.

## 제2절 행정소송의 한계

### ○ 제1항  의의

　　행정소송의 한계란 행정소송에 대한 법원의 재판권이 어디까지 미치는가에 대한 문제이다. 행정소송법은 개괄주의(행정법원이 모든 행정법상 분쟁에 대해 관할권을 가지는 방식 ↔ 열기주의(행정법원은 입법자가 명시적으로 인정한 사항만 관할권을 가지는 방식))를 취하고 있다. 그러나 행정소송은 사법(재판)작용의 본질을 가지고 있어 사법권으로서 일정한 한계를 가진다.

### ○ 제2항  사법(司法)의 본질에서 나오는 한계

　　법원조직법 제2조 제1항은 "법원은 헌법에 특별한 규정이 있는 경우를 제외한 일체의 법률상의 쟁송을 심판한다"고 규정하는데 여기서 '법률상의 쟁송'이란 ① 당사자 간의 구체적인 권리·의무에 관한 분쟁이어야 하고(구체적 사건성), ② 행정법령의 적용을 통해 해결될 수 있는 분쟁이라야 한다(법적 해결가능성).

### Ⅰ. 구체적 사건성

#### 1. 추상적 규범통제

　　㈎ 추상적 규범통제란 특정 법규범이 구체적 사건에 적용되지 않더라도 그 법규범이 상위 법규범에 위반되는지를 심사할 수 있는 제도를 말한다(규범통제란 특정 법규범이 상위 법규범에 위반되는지를 심사하는 제도를 말하며, 구체적 규범통제란 특정 법규범이 구체적 사건에 적용되는 상태에서 그 법규범이 상위 법규범에 위반되는지를 심사하는 제도를 말한다).

　　㈏ 헌법 제107조는 법률이나 명령·규칙 등의 규범통제의 경우 '재판의 전제가 된 경우(여기서 '재판의 전제가 된 경우'란 처분의 위법성이 법령등에 기한 것일 때 처분의 위법성 판단에 앞서 처분의 근거법령인 법령등의 위헌·위법성을 먼저 결정하는 것을 말한다)'에만 심사할 수 있도록 규정하고 있다. 따라서 원칙적으로 구체적 규범통제만 인정되며, 구체적인 권리·의무에 관한 분쟁과 무관한 추상적 규범통제는 부정된다.

## 2. 사실행위

단순한 사실관계의 존부(확인)나 판단은 구체적인 권리·의무에 관한 분쟁이 아니어서 행정소송을 제기할 수 없다. 다만, 사실행위로 인해 법률관계가 발생하였다면 이는 행정소송의 대상이 된다(행정소송법 제3조 제2호 참조).

**국가보훈처장 등이 발행한 책자 등에서 독립운동가 등의 활동상을 잘못 기술하였다는 등의 이유로 그 사실관계의 확인을 구하는 청구가 항고소송의 대상이 되는지 여부(소극)**

피고 국가보훈처장이 발행·보급한 독립운동사, 피고 문교부장관이 저작하여 보급한 국사교과서 등의 각종 책자와 피고 문화부장관이 관리하고 있는 독립기념관에서의 각종 해설문·전시물의 배치 및 전시 등에 있어서, 일제치하에서의 국내외의 각종 독립운동에 참가한 단체와 독립운동가의 활동상을 잘못 기술하거나, 전시·배치함으로써 그 역사적 의의가 그릇 평가되게 하였다는 이유로 그 사실관계의 확인을 구하고, … 과거의 역사적 사실관계의 존부나 공법상의 구체적인 법률관계가 아닌 사실관계에 관한 것들을 확인의 대상으로 하는 것 … 으로서 항고소송의 대상이 되지 아니하는 것이다(대법원 1990. 11. 23. 90누3553). ★★

## 3. 객관적 소송

민중소송이나 기관소송 같은 행정의 적법성의 보장을 주된 내용으로 하는 객관적 소송은 개인의 구체적인 권리·의무에 직접 관련되는 것이 아니므로, 법률에 특별한 규정(행정소송법 제45조)이 없는 한 행정소송을 제기할 수 없다(객관소송 법정주의).

## 4. 반사적 이익

행정소송은 법률상 이익을 구제하기 위한 것이므로 반사적 이익에 대한 분쟁으로는 행정소송을 제기할 수 없다.

# II. 법적 해결가능성

## 1. 재량행위

재량행위는 재량권 일탈·남용이 없는 한 재량범위 내에서는 사법심사가 되지 않는다(행정소송법 제27조 행정청의 재량에 속하는 처분이라도 재량권의 한계를 넘거나 그 남용이 있는 때에는 법원은 이를 취소할 수 있다).

## 2. 판단여지

판단여지란 사법심사가 불가능하거나 가능하지만 행정청의 자유영역을 인정하는 것이 타당한 행정청의 평가·결정영역을 말한다(예를 들어 시험결정, 상급공무원에 의한 인사고과 및 승진결정과 같이 사람의 인격·적성·능력 등에 관한 판단과 관련된 결정을 말한다). 따라서 판단여지 영역에 해당하면 사법심사는 불가능하다.

## 3. 통치행위

(가) 통치행위란 국가행위 중 고도의 정치성으로 인해 사법심사가 제한되는 행위를 말한다(예를 들어 사면과 파병결정). 통치행위는 특별한 사정이 없는 한 사법심사가 불가능하다.

(나) 통치행위의 인정 여부에 대해 ① 대법원은 '계엄선포의 요건 구비 여부나 선포의 당·부당'에 대한 판단(대법원(전원) 1997. 4. 17. 96도3376), '남북정상회담개최'에 대한 판단(대법원 2004. 3. 26. 2003도7878) 등을 통치행위로 보고 사법심사의 배제를 긍정하고 있다.** ② 헌법재판소도 대통령의 금융실명거래및비밀보장에관한긴급재정경제명령의 발령(헌재 1996. 2. 29. 93헌마186)을 통치행위로 보았고, 또한 사면(헌재 2000. 6. 1. 97헌바74), 이라크파병결정(헌재 2004. 4. 29. 2003헌마814)도 통치행위로 보았다.*

## 4. 행정상 훈시규정(방침규정)

행정상 훈시규정이란 법률의 규정 가운데서 오로지 행정청에 대한 명령의 성질을 가진 규정을 말한다(예를 들어 판결의 선고기일이나 판결송달의 기일에 관한 규정). 따라서 행정상 훈시규정은 행정청을 향한 하나의 기준에 불과하므로 그 규정의 준수와 실현을 소송으로 주장할 수 없다.

## 5. 특별권력관계

특별권력관계란 특별한 공법상 원인에 근거하여 성립되는 관계로서 특별권력주체가 구체적인 법률의 근거 없이도 상대방을 포괄적으로 지배하는 권한을 가지고, 특별한 신분이 있는 자는 이에 복종하는 관계를 말한다. 대법원은 특별권력관계에서도 사법심사가 가능하다고 보았다(대법원 1991. 11. 22. 91누2144).★ 즉, 판례는 사법심사가 배제되는 특별권력관계를 인정하지 아니한다.

## ⊙ 제3항  권력분립에서 나오는 한계

권력분립원칙과 관련하여 법원의 행정사건 재판권에 일정한 한계가 인정될 수 있다. 즉 행정소송법 제4조는 (법정)항고소송을 취소소송·무효등확인소송·부작위위법확인소송으로 구분하고 있는데, 이처럼 법률이 인정한 항고소송 외에 법정외(法定外)항고소송(＝무명(無名)항고소송)인 의무이행소송과 예방적 부작위소송 등을 인정할 수 있는지가 문제된다.

## Ⅰ. 의무이행소송의 인정 여부

### 1. 의무이행소송의 의의

의무이행소송이란 사인의 신청에 대해 행정청의 위법한 거부나 부작위가 있는 경우 당해 처분의 발령을 구하는 이행소송을 말한다.

### 2. 인정 여부

#### (1) 학설

① **부정설**(이 견해는 행정소송법 제3조·제4조를 제한적으로 해석하며, 행정의 1차적 판단권은 행정청이 가지기 때문에 법원은 위법한 처분을 취소 또는 무효확인할 수 있을 뿐 이행을 명하는 판결을 할 수 없다고 주장한다)과 ② **긍정설**(이 견해는 행정소송법 제3조·제4조를 예시적으로 보며, 행정청이 발령한 위법한 적극적 처분을 법원이 취소하는 것이 행정에 대한 사법권의 침해가 아니듯이 위법한 거부나 부작위에 대해 이행소송을 인정한다고 하여도 행정청의 1차적 판단권에 대한 침해가 되지 않는다고 본다)이 대립한다.

#### (2) 판례

판례는 현행법상 규정이 없다는 이유로 법원이 행정청에게 일정한 행정처분을 명하는 이행판결을 구하는 소송(의무이행소송)이나 법원이 행정처분을 직접 행하도록 하는 형성판결을 구하는 소송(적극적 형성소송)을 인정하지 않는다(대법원 1997. 9. 30. 97누3200).★★★

## Ⅱ. 예방적 부작위소송의 인정 여부

### 1. 예방적 부작위소송의 의의

예방적 부작위소송이란 위법한 행정작용을 미리 저지할 것을 목적으로 장래에 있을 특정한 처분 또는 그 밖의 행위의 발동에 대한 방지를 구하는 소송을 말한다.

### 2. 인정 여부

판례는「피고에 대하여 이 사건 신축건물의 준공처분을 하여서는 아니 된다는 내용의 부작위를 구하는 원고의 예비적 청구는 행정소송에서 허용되지 아니하는 것이므로 부적법하다(대법원 1987. 3. 24. 86누182)★★★」고 하여 부정한다.

참고

일반적 이행소송
일반적 이행소송이란 비권력적 행정작용의 이행(중지)을 구하는 소송을 말하며, 이 소송도 법률에 규정되어 있지 않은 법정외 소송으로 인정 여부가 논의된다.

# CHAPTER

# 02

# 항고소송

# 제1절 취소소송

## ● 제1항 취소소송의 개념

### Ⅰ. 의의

취소소송이란 행정청의 위법한 처분등을 취소 또는 변경하는 소송을 말한다(동법 제4조 제1호). 그리고 '처분등'이란 처분과 재결을 말한다(동법 제2조 제1항 제1호). 따라서 취소소송의 종류는 처분취소소송과 재결취소소송이 있다.

### Ⅱ. 성질

취소소송은 주관적 소송이며, 형성소송이다(통설·판례). 따라서 취소판결이 확정되면 특별한 행위가 없이도 위법한 처분은 소급하여 소멸된다(○ → ×).

### Ⅲ. 취소소송과 무효등확인소송의 관계

#### 1. 병렬관계

취소소송과 무효확인소송은 보충관계에 있는 것이 아니라 서로 병렬관계에 있다. 그러므로 행정청의 처분등에 불복하는 자는 소송요건을 충족하는 한 바라는 목적을 가장 효과적으로 달성할 수 있는 항고소송의 종류를 선택할 수 있다.

#### 2. 포섭(포용)관계

㈎ 취소소송과 무효확인소송은 종류를 달리하는 별개의 소송이기는 하나 다같이 행정처분등에 위법한 흠이 있음을 이유로 그 효력의 배제를 구하는 점에서 동일하고, 그 사유도 흠의 정도 등에 따른 상대적 차이가 있음에 불과하기에 이 두 소송은 서로 포용성을 가진다(법원은 당사자가 취소소송을 제기하는 경우 무효사유인지까지, 무효확인소송을 제기하는 경우 취소사유 여부까지 심사한다).

㈏ 즉, ① 무효인 처분을 취소소송으로 다투면, 취소청구에는 엄밀한 의미의 취소뿐만 아니라 무효를 확인하는 의미의 취소를 구하는 취지가 포함되어 있다고 보아야 한다. 따라서 당사자가 무효인 처분에 대해 취소소송을 제기한다면 법원은 무효를 확인(선언)하는 의미의 취소판결을 하여야 한다(무효확인(선언)을 구하는 의미의 취소소송). 물론 이러

한 경우에는 취소소송의 요건을 구비하여야 한다(행정처분의 당연무효를 선언하는 의미에서 그 취소를 구하는 행정소송을 제기하는 경우에는 <u>전치절차와 그 제소기간의 준수 등 취소소송의 제소요건을 갖추어야 하는 것이다</u>(대법원 1987. 6. 9. 87누219)).★★★ ② 취소할 수 있는 처분을 무효확인소송으로 다투는 경우, 일반적으로 <u>행정처분의 무효확인을 구하는 소에는 그 처분이 만약 당연무효가 아니라면 그 취소를 구하는 취지도 포함되어 있는 것으로 볼 것이다</u>(대법원 1987. 4. 28. 86누887).★★ 다만, 취소소송으로의 소변경이 필요한지에 대해 학설이 대립되는데, 당사자가 처분의 취소는 구하지 않는다고 명백히 하지 않는 이상, 취소소송의 소송요건을 갖추었다면 당사자에게 무효확인이 아니면 취소라도 구하는 것인지를 석명(당사자의 진술에 불명, 모순, 흠결이 있거나 증명을 다하지 못한 경우에 사건의 내용을 이루는 사실관계나 법률관계를 명백히 하기 위해 당사자에 대하여 사실상 또는 법률상의 사항에 관하여 질문을 하거나 증명을 촉구하는 법원의 권한을 말한다(민사소송법 제136조))하여 취소소송으로 청구취지를 변경하도록 한 후 취소판결을 하여야 한다는 견해가 **다수설**이다(**소변경필요설**). 따라서 만약 소변경이 이루어지지 않은 경우에는 기각판결이 내려질 것이다.

## ● 제2항  취소소송의 대상

취소소송의 대상에 대해 행정소송법 제19조 본문은 "취소소송은 처분등을 대상으로 한다"고 규정하고, 동법 제2조 제1항 제1호는 취소소송의 대상인 '처분등'을 ① 처분인 ⓐ 공권력의 행사, ⓑ 그 거부, ⓒ 그 밖에 이에 준하는 행정작용과 ② 행정심판에 대한 재결이라고 정의하고 있다. 따라서 취소소송의 대상은 적극적인 공권력 행사, 소극적인 공권력 행사인 거부처분, 이에 준하는 행정작용 그리고 행정심판에 대한 재결이 된다.

---

◆ **쟁점  취소소송의 소송요건**(=본안전(前)요건, 본안판단(소송요건이 구비되어 있음을 전제로 원고의 청구가 이유있는지를 판단하는 것)의 전제요건)

취소소송은 관할권 있는 법원에(행정소송법 제9조), 원고적격(동법 제12조)과 피고적격을 갖추어(동법 제13조), 처분등을 대상으로(동법 제19조), 제소기간 내에(동법 제20조) 제기하고, 그 밖에 권리보호필요성 요건을 갖추고 있어야 한다. '제2항 취소소송의 대상'에서는 대상적격을, '제3항 취소소송의 당사자'에서는 원고적격·권리보호필요성·피고적격을, '제4항 기타 소송요건'에서 나머지 소송요건을 서술한다. 이러한 소송요건의 구비 여부는 공익적 사항이므로 원칙적으로 법원의 직권조사사항이다.*** 따라서 본안심리 중에 사후적으로 소송요건이 흠결된 경우 법원은 각하판결을 한다.

---

📖 참고

**학문상 개념인 행정행위와 행정소송법 제2조 제1항 제1호의 "처분"과의 관계**

1. 문제 상황

학문상 개념인 행정행위와는 달리 행정소송법 제2조 제1항 제1호는 취소소송의 대상인 '처분'을 "행정청이 행하는 구체적 사실에 관한 법집행으로서의 공권력의 행사 또는 그 거부와 그 밖에 이에 준하는 행정작용"이라고 정의하고 있다. 이처럼 행정소송법은 '처분'개념을 광의로 정의(그 밖에 이에 준하는 행정작용)하고 있어 행정소송법상의 처분개념이 학문상 개념인 행정행위와 동일한 것인지에 대해 학설이 대립된다.

2. 학설

(1) 실체법적 (행정행위) 개념설(일원설, 형식적 행정행위 부정설)

행정쟁송법상 처분을 강학상 행정행위와 동일한 것으로 보는 입장이다. 쟁송법적 개념설이 처분개념에 포함시키고 있는 비권력적 행정작용에 대한 권리구제수단은 항고소송이 아니라 당사자소송(비권력적 행정작용으로 발생한 법률관계를 다투는 당사자소송)이나 법정외소송(일반적 이행소송)을 활용해야 한다고 한다.

(2) 쟁송법적 (행정행위) 개념설(이원설, 형식적 행정행위 긍정설)

행정쟁송법상 처분을 강학상 행정행위와는 별개의 것으로 보는 입장이다. 현행법상 처분은 강학상 행정행위보다 더 광의의 개념으로 보아야 하며, 다양한 행정작용(특히 비권력적 행정작용)에 대해 항고소송을 인정함으로써 실효적인 권리구제가 가능하다는 점을 근거로 한다.

3. 판례

판례는 쟁송법적 개념설이 대표적으로 주장하는 비권력적 사실행위에 대해 처분성을 부정하고 있어 기본적으로 실체법적 개념설의 입장이다.

## Ⅰ. 취소소송의 대상인 처분

## 1. 행정청의 적극적 공권력 행사

### (1) 행정청의 공권력 행사일 것

#### 1) 행정청

㈎ 행정청이란 행정에 관한 의사를 결정하고 이를 외부에 자신의 명의로 표시할 수 있는 행정기관을 말한다(기능적 의미의 행정청).

㈏ 행정청에는 ① 전통적 의미의 행정청(해당 행정조직의 우두머리), ② 합의제기관(예: 방송위원회, 공정거래위원회) 외에 ③ 법원이나 국회의 기관도 실질적 의미의 행정적인 처

분을 하는 범위에서 행정청에 속하며(예: 법원장의 법원공무원에 대한 징계, 지방의회의 지방의 회의원에 대한 징계나 지방의회의장에 대한 불신임의결), ④ 행정소송법 제2조 제2항에 따라 법령에 의하여 행정권한의 위임 또는 위탁을 받은 행정기관, 공공단체 및 그 기관 또는 사인도 포함된다.

### 2) 구체적 사실

'구체적 사실'이란 규율대상이 구체적(시간적으로 1회적, 공간적으로 한정=특정사건을 규율)인 경우를 말한다. 따라서 일반적이고 추상적인 규율인 입법은 여기에 해당하지 않는다. 다만, 관련자의 범위는 일반적이나 규율하는 대상은 구체적인 행정의 행위형식인 일반처분은 항고소송의 대상인 처분에 해당한다.

### 3) 법집행행위

항고소송의 대상인 공권력행사는 일반·추상적인 법이 아니라 법의 집행행위라야 한다.

### 4) 공권력행사

행정청이 공법에 근거하여 우월한 지위에서 일방적으로 행하는 작용이어야 한다. 따라서 대등한 당사자로 체결하는 공법상 계약이나 사법상의 행위 등은 해당하지 않는다.

## (2) 법적 행위일 것

### 1) 문제점

'법적 행위'는 행정소송법 제2조 제1항 제1호에서 명시적으로 표현되고 있는 처분개념의 요소는 아니다. 그러나 판례와 전통적인 견해는 법적 행위를 항고소송의 대상이 되는 요소로 보고 있다(무효등확인소송과 부작위위법확인소송도 행정소송법 제38조 제1항, 제2항에서 취소소송의 대상(동법 제19조)을 준용하고 있기 때문에 취소소송의 대상과 나머지 항고소송의 대상은 같다).

### 2) 의의

법적 행위란 ① 외부적 행위이며 ② 권리·의무와 직접 관련되는 행위를 말한다. 판례도「항고소송의 대상이 되는 행정처분이라 함은 행정청의 공법상의 행위로서 특정사항에 대하여 법규에 의한 권리의 설정 또는 의무의 부담을 명하거나 기타 법률상 효과를 발생하게 하는 등 국민의 구체적인 권리의무에 직접적 변동을 초래하는 행위를 말하는 것이고, … 상대방 또는 기타 관계자들의 법률상 지위에 직접적인 법률적 변동을 일으키지 아니하는 행위 등은 항고소송의 대상이 될 수 없다(대법원 2008. 9. 11. 2006두18362)」고 한다.

### 3) 내용

(개) 법적 행위는 '외부적' 행위라야 한다. 즉, 행정조직내부행위는 법적 행위가 아니다(예: 상급공무원의 지시·명령). 그러나 특별행정법관계에서의 행위는 내부적인 행위이지만 상대방의 권리·의무에 직접 영향을 미치는 한 법적 행위가 될 수 있다(예를 들어 공무원에 대한 징계).

(내) 법적 행위는 '직접' 당사자의 권리·의무에 발생·변경·소멸을 가져오는 행위를 말한다. 법적 효과 없는 행위는 행정청의 행위일지라도 여기에 해당하지 않는다(예: 비권력적 사실행위).

(대) ① 따라서 공무원 등의 징계처분에서 징계위원회의 의결(대법원 1983. 2. 8. 81누314),★ 군의관의 병역법상 신체등위판정(대법원 1993. 8. 27. 93누3356),★★★ 운전면허 취소·정지의 기초자료를 제공하기 위해 운전면허 행정처분처리대장에 기재하는 벌점(대법원 1994. 8. 12. 94누2190),★★★ 독점규제 및 공정거래에 관한 법률에 근거하여 당국에 형벌권 행사를 요구하는 공정거래위원회의 고발조치(대법원 1995. 5. 12. 94누13794)★★★ 등은 행정기관 상호간의 내부행위이거나 일정한 처분을 발령하기 위한 중간단계에서의 행위이므로 항고소송의 대상이 될 수 없다. ② 다만, 중간단계에서의 행위라도 그 행위가 국민의 권리의무에 직접 변동을 초래한다면 이는 항고소송의 대상인 처분으로 볼 수 있다. 예를 들면 부동산 가격공시에 관한 법률상 표준지공시지가결정·개별공시지가결정 등은 항고소송의 대상이 된다.★★

---

💎 **쟁점** 항고소송의 대상인 처분에 대한 중요 판례 정리(Ⅰ)

> **1. 긍정한 판결**
>
> **[판례1] 구 건축법 제29조 제1항에서 정한 건축협의 취소가 처분에 해당하는지 여부(적극)**
>
> 구 건축법 제29조 제1항, 제2항, 제11조 제1항 등의 규정 내용에 의하면, 건축협의의 실질은 지방자치단체 등에 대한 건축허가와 다르지 않으므로, 지방자치단체 등이 건축물을 건축하려는 경우 등에는 미리 건축물의 소재지를 관할하는 허가권자인 지방자치단체의 장과 건축협의를 하지 않으면, 지방자치단체라 하더라도 건축물을 건축할 수 없다. 그리고 구 지방자치법 등 관련 법령을 살펴보아도 지방자치단체의 장이 다른 지방자치단체를 상대로 한 건축협의 취소에 관하여 다툼이 있는 경우에 법적 분쟁을 실효적으로 해결할 구제수단을 찾기도 어렵다. 따라서 건축협의 취소는 상대방이 다른 지방자치단체 등 행정주체라 하더라도 '행정청이 행하는 구체적 사실에 관한 법집행으로서의 공권력 행사'로서 처분에 해당한다고 볼 수 있고, 지방자치단체인 원고가 이를 다툴 실효적 해결 수단이 없는 이상, 원고는 건축물 소재지 관할 허가권자인 지방자치단체의 장을 상대로 항고소송을 통해 건축협의 취소의 취소를 구할 수 있다(대법원 2014. 2. 27. 2012두22980).★★

**[판례2] 국가인권위원회의 성희롱결정과 이에 따른 시정조치의 권고의 처분성(적극)**

국가인권위원회의 성희롱결정과 이에 따른 시정조치의 권고는 불가분의 일체로 행하여지는 것이고, 국가인권위원회의 이러한 결정과 시정조치의 권고는 성희롱 행위자로 결정된 자의 인격권에 영향을 미침과 동시에 공공기관의 장 또는 사용자에게 일정한 법률상의 의무를 부담시키는 것이므로 국가인권위원회의 성희롱결정 및 시정조치권고는 행정소송의 대상이 되는 행정처분에 해당한다(대법원 2005. 7. 8. 2005두487).★★★

**[판례3] 국유재산법 제51조 제1항에 의한 국유재산의 무단점유자에 대한 변상금부과처분이 행정처분인지 여부(적극)**

국유재산법 제51조 제1항에 의한 국유재산의 무단점유자에 대한 변상금부과는 대부나 사용, 수익허가 등을 받은 경우에 납부하여야 할 대부료 또는 사용료 상당액 외에도 그 징벌적 의미에서 국가측이 일방적으로 그 2할 상당액을 추가하여 변상금을 징수토록 하고 있으며 그 체납시에는 국세징수법에 의하여 강제징수토록 하고 있는 점 등에 비추어 보면 그 부과처분은 관리청이 공권력을 가진 우월적 지위에서 행하는 것으로서 행정처분이라고 보아야 한다(대법원 1992. 4. 14. 91다42197).★★★

**[판례4] 국립 교육대학 학생에 대한 퇴학처분이 행정처분인지 여부(적극)**

국립 교육대학 학생에 대한 퇴학처분은, 국가가 설립·경영하는 교육기관인 동 대학의 교무를 통할하고 학생을 지도하는 지위에 있는 학장이 교육목적실현과 학교의 내부질서유지를 위해 학칙 위반자인 재학생에 대한 구체적 법집행으로서 국가공권력의 하나인 징계권을 발동하여 학생으로서의 신분을 일방적으로 박탈하는 국가의 교육행정에 관한 의사를 외부에 표시한 것이므로, 행정처분임이 명백하다(대법원 1991. 11. 22. 91누2144).★

**[판례5] 지방의회 의장에 대한 불신임의결이 행정처분의 일종인지 여부(적극)**

지방의회를 대표하고 의사를 정리하며 회의장 내의 질서를 유지하고 의회의 사무를 감독하며 위원회에 출석하여 발언할 수 있는 등의 직무권한을 가지는 지방의회 의장에 대한 불신임의결은 의장으로서의 권한을 박탈하는 행정처분의 일종으로서 항고소송의 대상이 된다(대법원 1994. 10. 11. 94두23).★★★

❖ 국회가 하는 국회의원에 대한 징계 등에 대해서는 법원에 제소할 수 없다(헌법 제64조 제2항 '국회는 의원의 자격을 심사하며, 의원을 징계할 수 있다', 제3항 '의원을 제명하려면 국회재적의원 3분의 2 이상의 찬성이 있어야 한다', 제4항 '제2항과 제3항의 처분에 대하여는 법원에 제소할 수 없다').★★★

**[판례6] 과세관청의 소득처분에 따른 소득금액변동통지가 항고소송의 대상이 되는 조세행정처분인지 여부(적극)**

과세관청의 소득처분과 그에 따른 소득금액변동통지가 있는 경우 원천징수의무자인 법인은 소득금액변동통지서를 받은 날에 그 통지서에 기재된 소득의 귀속자에게 당해 소득금액을 지급한 것으로 의제되어 그 때 원천징수하는 소득세의 납세의무가 성립함과 동시에 확정되고, 원천징수의무자인 법인으로서는 소득금액변동통지서에 기재된 소득처분의 내용에 따라 원천징수세액을 그 다음달 10일까지 관할 세무서장 등에게 납부하여야 할 의무를 부담하며, 만일 이를 이행하지 아니하는 경우에는 가산세의 제재를 받게 됨은 물론이고 형사처벌까지 받도록 규정되어 있는 점에 비추어 보면, 소득금액변동통지는 원천징수의무자인 법인의 납세의무에 직접 영향을 미치는 과세관청의 행위로서, 항고소송의 대상이 되는 조세행정처분이라고 봄이 상당하다(대법원(전원) 2006. 4. 20. 2002두1878).★★★

### [판례7] 행정규칙에 의한 불문경고조치의 처분성(적극)

행정규칙에 의한 '불문경고조치'가 비록 법률상의 징계처분은 아니지만 위 처분을 받지 아니하였다면 차후 다른 징계처분이나 경고를 받게 될 경우 징계감경사유로 사용될 수 있었던 표창공적의 사용가능성을 소멸시키는 효과와 1년 동안 인사기록카드에 등재됨으로써 그 동안은 장관표창이나 도지사표창 대상자에서 제외시키는 효과 등이 있다는 이유로 항고소송의 대상이 되는 행정처분에 해당한다(대법원 2002. 7. 26. 2001두3532).★★

### [판례8] 공정거래위원회의 '표준약관 사용권장행위'가 항고소송의 대상이 되는지 여부(적극)

공정거래위원회의 '표준약관 사용권장행위'는 그 통지를 받은 해당 사업자 등에게 표준약관과 다른 약관을 사용할 경우 표준약관과 다르게 정한 주요내용을 고객이 알기 쉽게 표시하여야 할 의무를 부과하고, 그 불이행에 대해서는 과태료에 처하도록 되어 있으므로, 이는 사업자 등의 권리·의무에 직접 영향을 미치는 행정처분으로서 항고소송의 대상이 된다(대법원 2010. 10. 14. 2008두23184).★★

### [판례9] 국토의 계획 및 이용에 관한 법률상 토지거래허가구역의 지정에 대하여 항고소송을 제기할 수 있는지 여부(적극)

국토의 계획 및 이용에 관한 법률의 규정에 의하면, 같은 법에 따라 토지거래계약에 관한 허가구역으로 지정되는 경우, 허가구역 안에 있는 토지에 대하여 소유권이전 등을 목적으로 하는 거래계약을 체결하고자 하는 당사자는 공동으로 행정관청으로부터 허가를 받아야 하는 등 일정한 제한을 받게 되고, 허가를 받지 아니하고 체결한 토지거래계약은 그 효력이 발생하지 아니하며, 토지거래계약허가를 받은 자는 5년의 범위 이내에서 대통령령이 정하는 기간 동안 그 토지를 허가받은 목적대로 이용하여야 하는 의무도 부담하며, 같은 법에 따른 토지이용의무를 이행하지 아니하는 경우 이행강제금을 부과당하게 되는 등 토지거래계약에 관한 허가구역의 지정은 개인의 권리 내지 법률상의 이익을 구체적으로 규제하는 효과를 가져오게 하는 행정청의 처분에 해당한다(대법원 2006. 12. 22. 2006두12883).★★

### [판례10] 진실·화해를 위한 과거사정리 기본법 제26조에 따른 진실·화해를 위한 과거사정리위원회의 진실규명결정이 항고소송의 대상이 되는 행정처분인지 여부(적극)

진실·화해를 위한 과거사정리 기본법(이하 '법'이라 한다)과 구 과거사 관련 권고사항 처리에 관한 규정(2010. 2. 24. 대통령령 제22055호 과거사 관련 권고사항 처리 등에 관한 규정으로 개정되기 전의 것)의 목적, 내용 및 취지를 바탕으로, 피해자 등에게 명문으로 진실규명 신청권, 진실규명결정 통지 수령권 및 진실규명결정에 대한 이의신청권 등이 부여된 점, 진실규명결정이 이루어지면 그 결정에서 규명된 진실에 따라 국가가 피해자 등에 대하여 피해 및 명예회복 조치를 취할 법률상 의무를 부담하게 되는 점, 진실·화해를 위한 과거사정리위원회가 위와 같은 법률상 의무를 부담하는 국가에 대하여 피해자 등의 피해 및 명예 회복을 위한 조치로 권고한 사항에 대한 이행의 실효성이 법적·제도적으로 확보되고 있는 점 등 여러 사정을 종합하여 보면, 법이 규정하는 진실규명결정은 국민의 권리의무에 직접적으로 영향을 미치는 행위로서 항고소송의 대상이 되는 행정처분이라고 보는 것이 타당하다(대법원 2013. 1. 16. 2010두22856).★★

## 2. 부정한 판결

**[판례1]** 민원사무처리에 관한 법률 제18조 제1항에서 정한 '거부처분에 대한 이의신청'을 받아들이지 않는 취지의 기각 결정 또는 그 취지의 통지가 항고소송의 대상이 되는지 여부(소극)

민원사무처리에 관한 법률(이하 '민원사무처리법'이라 한다) 제18조 제1항에서 정한 거부처분에 대한 이의신청(이하 '민원 이의신청'이라 한다)은 행정청의 위법 또는 부당한 처분이나 부작위로 침해된 국민의 권리 또는 이익을 구제함을 목적으로 하여 행정청과 별도의 행정심판기관에 대하여 불복할 수 있도록 한 절차인 행정심판과는 달리, 민원사무처리법에 의하여 민원사무처리를 거부한 처분청이 민원인의 신청 사항을 다시 심사하여 잘못이 있는 경우 스스로 시정하도록 한 절차이다. 이에 따라, 민원 이의신청을 받아들이는 경우에는 이의신청 대상인 거부처분을 취소하지 않고 바로 최초의 신청을 받아들이는 새로운 처분을 하여야 하지만, 이의신청을 받아들이지 않는 경우에는 다시 거부처분을 하지 않고 그 결과를 통지함에 그칠 뿐이다. 따라서 이의신청을 받아들이지 않는 취지의 기각 결정 내지는 그 취지의 통지는, 종전의 거부처분을 유지함을 전제로 한 것에 불과하고 또한 거부처분에 대한 행정심판이나 행정소송의 제기에도 영향을 주지 못하므로, 결국 민원 이의신청인의 권리·의무에 새로운 변동을 가져오는 공권력의 행사나 이에 준하는 행정작용이라고 할 수 없어, 독자적인 항고소송의 대상이 된다고 볼 수 없다고 봄이 타당하다(대법원 2012. 11. 15. 2010두8676).★★★

**[판례2]** 지방병무청장이 복무기관을 정하여 공익근무요원 소집통지를 한 후 소집대상자의 원에 의하여 또는 직권으로 그 기일을 연기한 다음 다시 한 공익근무요원 소집통지가 항고소송의 대상이 되는 독립된 행정처분인지 여부(소극)

지방병무청장이 보충역 편입처분을 받은 자에 대하여 복무기관을 정하여 공익근무요원 소집통지를 한 이상 그것으로써 공익근무요원으로서의 복무를 명하는 병역법상의 공익근무요원 소집처분이 있었다고 할 것이고, 그 후 지방병무청장이 공익근무요원 소집대상자의 원에 의하여 또는 직권으로 그 기일을 연기한 다음 다시 공익근무요원 소집통지를 하였다고 하더라도 이는 최초의 공익근무요원 소집통지에 관하여 다시 의무이행기일을 정하여 알려주는 연기통지에 불과한 것이므로, 이는 항고소송의 대상이 되는 독립한 행정처분으로 볼 수 없다(대법원 2005. 10. 28. 2003두14550).★

**[판례3]** 한국전력공사가 정부투자기관회계규정에 의하여 행한 입찰참가자격을 제한하는 내용의 부정당업자제재행위의 처분성(소극)

한국전력공사는 한국전력공사법의 규정에 의하여 설립된 정부투자법인일 뿐이고 위 공사를 중앙행정기관으로 규정한 법률을 찾아볼 수 없으며, … 따라서 위 공사가 행정소송법 소정의 행정청 또는 그 소속기관이거나 이로부터 위 제재처분의 권한을 위임받았다고 볼 만한 아무런 법적 근거가 없다고 할 것이므로 위 공사가 정부투자기관회계규정에 의하여 행한 입찰참가자격을 제한하는 내용의 부정당업자제재처분은 행정소송의 대상이 되는 행정처분이 아니라 단지 상대방을 위 공사가 시행하는 입찰에 참가시키지 않겠다는 뜻의 사법상의 효력을 가지는 통지행위에 불과하다(대법원 1999. 11. 26. 99부3).★★★

**[판례4] 도지사가 도 내 특정시를 공공기관이 이전할 혁신도시 최종입지로 선정한 행위가 항고소송의 대상이 되는지 여부(소극)**

행정부의 수도권 소재 공공기관의 지방이전시책을 추진하는 과정에서 도지사가 도 내 특정시를 공공기관이 이전할 혁신도시 최종입지로 선정한 행위는 항고소송의 대상이 되는 행정처분이 아니다(대법원 2007. 11. 15. 2007두10198).★★

**[판례5] 국세기본법 제51조 및 제52조의 국세환급금 및 국세가산금 결정이나 환급 거부 결정이 항고소송의 대상이 되는 처분인지 여부(소극)**

국세기본법 제51조 및 제52조 국세환급금 및 국세가산금결정에 관한 규정은 이미 납세의무자의 환급청구권이 확정된 국세환급금 및 가산금에 대하여 내부적 사무처리절차로서 과세관청의 환급절차를 규정한 것에 지나지 않고 그 규정에 의한 국세환급금(가산금 포함)결정에 의하여 비로소 환급청구권이 확정되는 것은 아니므로, 국세환급금결정이나 이 결정을 구하는 신청에 대한 환급거부결정 등은 납세의무자가 갖는 환급청구권의 존부나 범위에 구체적이고 직접적인 영향을 미치는 처분이 아니어서 항고소송의 대상이 되는 처분이라고 볼 수 없다(대법원(전원) 1989. 6. 15. 88누6436).★★★

**[판례6] 법인세과세표준결정이 항고소송의 대상이 되는 행정처분인지 여부(소극)**

법인세과세표준결정은 조세부과처분에 앞선 결정으로서 그로 인하여 바로 과세처분의 효력이 발생하는 것이 아니고 또 후일에 이에 의한 법인세부과처분이 있을 때에 그 부과처분을 다툴 수 있는 방법이 없는 것도 아니어서 과세관청의 위 결정을 바로 항고소송의 대상이 되는 행정처분이라고 볼 수는 없다(대법원 1986. 1. 21. 82누236).★★★

**[판례7] 세무당국이 소외 회사에 대하여 원고와의 주류 거래를 일정기간 중지하여 줄 것을 요청한 행위가 항고소송의 대상이 될 수 있는지 여부(소극)**

세무당국이 소외 회사에 대하여 원고와의 주류거래를 일정기간 중지하여 줄 것을 요청한 행위는 권고 내지 협조를 요청하는 권고적 성격의 행위로서 소외 회사나 원고의 법률상의 지위에 직접적인 법률상의 변동을 가져오는 행정처분이라고 볼수 없는 것이므로 항고소송의 대상이 될 수 없다(대법원 1980. 10. 27. 80누395).★★★

**[판례8] 공업배치및공장설립에관한법률 제9조에 의한 공장입지기준확인이 항고소송의 대상이 되는 행정처분에 해당하는지 여부(소극)**

공업배치및공장설립에관한법률 제9조에 따라 시장·군수 또는 구청장이 토지 소유자 기타 이해관계인의 신청이 있는 경우에 그 관할구역 안의 토지에 대하여 지번별로 공장설립이 가능한지 여부를 확인하여 통지하는 공장입지기준확인은, 공장을 설립하고자 하는 사람이 공장설립승인신청 등 공장설립에 필요한 각종 절차를 밟기 전에 어느 토지 위에 공장설립이 가능한지 여부를 손쉽게 확인할 수 있도록 편의를 도모하기 위하여 마련된 절차로서 그 확인으로 인하여 신청인 등 이해관계인의 지위에 영향을 주는 법률상의 효과가 발생하지 아니하므로, 공장입지기준확인 그 자체는 항고소송의 대상이 될 수 없다(대법원 2003. 2. 11. 2002두10735).★

**[판례9] 국유잡종재산 대부행위 및 그 사용료 납입고지의 처분성(소극)**

구 국유재산법 제33조 제2항의 규정에 의하여 국유잡종재산에 관한 관리 처분의 권한을 위임받은 기관이 국유잡종재산을 대부하는 행위는 국가가 사경제 주체로서 상대방과 대등한 위치에서 행하는 사법상의 계약이지 행정청이 공권력의 주체로서 상대방의 의사 여하에 불구하고 일방적으로 행하는 행정처분이라고 볼 수 없고, 국유잡종재산에 관한 사용료의 납입고지 역시 사법상의 이행청구에 해당하는 것으로서 이를 항고소송의 대상이 되는 행정처분이라고 할 수 없다(대법원 1995. 5. 12. 94누5281).★★★

**[판례10] 경찰공무원시험승진후보자명부에 등재된 자가 승진임용되기 전에 감봉 이상의 징계처분을 받은 경우, 임용권자가 당해인을 시험승진후보자명부에서 삭제한 행위가 행정처분이 되는지 여부(소극)**

이처럼 시험승진후보자명부에 등재되어 있던 자가 그 명부에서 삭제됨으로써 승진임용의 대상에서 제외되었다 하더라도, 그와 같은 시험승진후보자명부에서의 삭제행위는 결국 그 명부에 등재된 자에 대한 승진 여부를 결정하기 위한 행정청 내부의 준비과정에 불과하고, 그 자체가 어떠한 권리나 의무를 설정하거나 법률상 이익에 직접적인 변동을 초래하는 별도의 행정처분이 된다고 할 수 없다(대법원 1997. 11. 14. 97누7325).★

**[판례11] 상급행정기관의 하급행정기관에 대한 승인·동의·지시 등이 항고소송의 대상이 되는 행정처분에 해당하는지 여부(소극)**

상급행정기관의 하급행정기관에 대한 승인·동의·지시 등은 행정기관 상호간의 내부행위로서 국민의 권리·의무에 직접 영향을 미치는 것이 아니므로 항고소송의 대상이 되는 행정처분에 해당한다고 볼 수 없다(대법원 2008. 5. 15. 2008두2583).★★

◆ **쟁점** 항고소송의 대상인 처분에 대한 중요 판례 정리(Ⅱ)

### 1. 정보공개결정 및 공개거부결정의 처분성(적극)

정보공개청구에 대한 거부도 공권력행사의 거부이고, 국민의 권리·법적 이익에 직접 영향을 미치는 행위이므로 항고소송의 대상이 되는 거부처분이다.★★★

### 2. 내부적인 행위(소극)

① 행정기관의 내부적인 사무처리절차에 그치는 행위는 대상적격이 부정된다 (예: 상급공무원의 지시·명령). ② 그리고 행정기관 상호 간의 행위도 원칙적으로

대상적격이 부정된다(예: 행정기관 상호 간의 동의나 협의).★★★

### 3. 질의 회신이나 진정에 대한 답변(소극)

법령의 해석질의에 대한 답변이나 진정사건이나 청원에 대한 처리 결과의 통보
는 권리·의무와 관련된 행위가 아니어서 항고소송의 대상이 되지 않는다(대법원
1992. 10. 13. 91누2441).★

### 4. 반복된 행위

① 판례는 철거대집행에서 1차 계고처분(대집행을 하기 위해 의무이행을 독촉하는 처
분)을 한 후 2, 3차 계고를 한 경우나 국세체납절차에서 1차 독촉처분 후 2, 3차
독촉을 하는 경우, 모두 1차의 계고처분이나 독촉처분만이 항고소송의 대상인
처분이며 2, 3차의 계고나 독촉은 기한의 연기행위에 불과하며 독립한 처분이
아니라고 본다(대법원 1994. 2. 22. 93누21156; 대법원 1997. 7. 13. 97누119).★★★ ② 그
러나 거부처분의 경우는 동일한 내용을 수차 신청하여 거부처분을 받은 경우,
각 독립한 별개 거부처분으로 본다(대법원 1991. 6. 11. 91누10292).★★★

### 5. 경정처분

경정처분이란 행정청이 일정한 처분을 발령한 후 그 처분을 감축하거나 확장하
는 경우를 말한다. 판례는 증액경정의 경우는 당초(원)처분은 증액경정처분에 흡
수되고 증액경정처분만이 소송의 대상이 되며(대법원 2004. 2. 13. 2002두9971),★★★
감액경정(일부취소)의 경우 감액경정은 독립한 처분이 아니며 감액 후 남은 원처
분(원처분 중 감액 후 남은 부분)이 소송의 대상이라고 한다(대법원 1991. 9. 13. 91누
391).★★★

### 6. 행정소송 이외에 다른 불복절차가 있는 경우(소극)

① 과태료처럼 질서위반행위규제법 등에서 다른 불복절차를 예정하고 있는 처분
은 항고소송의 대상이 되지 않는다. 같은 이유로 검사의 구금, 압수물의 환부에
대한 처분에 대한 불복은 형사소송법에 따르며 행정소송을 제기할 수 없다.★★★
② 그리고 통고처분(일반형사소송절차에 앞선 절차로서 일정한 위법행위의 범법자에게
형벌 대신 범칙금을 납부토록 명하고, 범칙자가 그 범칙금을 납부하면 처벌이 종료되는 과형
절차)도 항고소송의 대상인 처분이 아니다(대법원 1995. 6. 29. 95누4674).★★ 왜냐하
면 당사자가 통고처분을 이행하면 그 효력은 상실되며, 이행하지 않으면 형사소

송절차로 넘어가기 때문이다.

## 7. 국가배상청구의 전심절차인 배상심의회의 배상결정

국가나 지방자치단체에 대한 배상신청사건을 심의하기 위하여 법무부에 본부심의회를 두는데, 피해자는 배상심의회의 배상결정이 있은 후 배상결정에 동의하여 배상금을 수령한 후에도 소송으로 배상금청구소송(실질적으로는 배상금의 증액청구)을 다시 제기할 수 있다. 즉, 배상심의회의 배상결정은 항고소송의 대상인 처분이 아니다(대법원 1981. 2. 10. 80누317).★


💎 **쟁점** 신고거부 및 신고수리가 항고소송의 대상인지 여부

## 1. 신고의 종류

### (1) 수리를 요하지 않는 신고
사인이 행정청에 대하여 일정한 사항을 알리고 그것이 도달함으로써 공법적 효과가 발생하는 신고를 말한다(예: 건축법 제14조 제1항의 일반적 건축신고).

### (2) 수리를 요하는 신고
사인이 행정청에 대하여 일정한 사항을 알리고 행정청이 이를 수리함으로써 공법적 효과가 발생하는 신고를 말한다(예: 건축법 제14조 제2항의 인·허가의제(인·허가의제제도란 주된 인가·허가 등을 받으면 그 행위에 필요한 다른 법률상의 인가·허가 등을 받은 것으로 보는(=간주하는=의제) 제도를 말한다)의 효과를 가진 건축신고). '수리'란 사인이 알린 일정한 사실을 행정청이 유효한 것으로 판단하여 받아들이는 것을 말하며, 항고소송의 대상인 처분이다.

## 2. 건축신고의 처분성

### (1) 일반적 건축신고거부의 처분성(적극)
건축주 등은 신고제하에서도 건축신고가 반려될 경우 당해 건축물의 건축을 개시하면 시정명령, 이행강제금, 벌금의 대상이 되거나 당해 건축물을 사용하여 행할 행위의 허가가 거부될 우려가 있어 불안정한 지위에 놓이게 된다. 따라서 건축신고 반려행위가 이루어진 단계에서 당사자로 하여금 반려행위의 적법성을 다투어 그 법적 불안을 해소한 다음 건축행위에 나아가도록 함으로써 장차 있을지도 모르는 위험에서 미리 벗어날 수 있도록 길을 열어 주고, 위법한 건축물의 양

산과 그 철거를 둘러싼 분쟁을 조기에 근본적으로 해결할 수 있게 하는 것이 법치행정의 원리에 부합한다. 그러므로 건축신고 반려행위는 항고소송의 대상이 된다고 보는 것이 옳다(대법원(전원) 2010. 11. 18. 2008두167).★★★

## (2) 인·허가의제의 효과를 가진 건축신고수리(거부)의 처분성(적극)

인·허가의제 효과를 수반하는 건축신고는 일반적인 건축신고와는 달리, 특별한 사정이 없는 한 행정청이 그 실체적 요건에 관한 심사를 한 후 수리하여야 하는 이른바 '수리를 요하는 신고'로 보는 것이 옳다(대법원(전원) 2011. 1. 20. 2010두14954).★★

[참조조문]
**건축법**
**제11조(건축허가)** ① 건축물을 건축하거나 대수선하려는 자는 특별자치도지사 또는 시장·군수·구청장의 허가를 받아야 한다. 다만, 21층 이상의 건축물 등 대통령령으로 정하는 용도 및 규모의 건축물을 특별시나 광역시에 건축하려면 특별시장이나 광역시장의 허가를 받아야 한다.
⑤ 제1항에 따른 건축허가를 받으면 다음 각 호의 허가 등을 받거나 신고를 한 것으로 보며, 공장건축물의 경우에는 「산업집적활성화 및 공장설립에 관한 법률」 제13조의2와 제14조에 따라 관련 법률의 인·허가등이나 허가등을 받은 것으로 본다.
　1. 제20조 제2항에 따른 공사용 가설건축물의 축조신고
　2. 제83조에 따른 공작물의 축조신고
　3. 「국토의 계획 및 이용에 관한 법률」 제56조에 따른 개발행위허가(이하 각호 생략)
**제14조(건축신고)** ① 제11조에 해당하는 허가 대상 건축물이라 하더라도 다음 각 호의 어느 하나에 해당하는 경우에는 미리 특별자치도지사 또는 시장·군수·구청장에게 국토교통부령으로 정하는 바에 따라 신고를 하면 건축허가를 받은 것으로 본다.
　1. 바닥면적의 합계가 85제곱미터 이내의 증축·개축 또는 재축(이하 각호 생략)
② 제1항에 따른 건축신고에 관하여는 제11조 제5항을 준용한다.

---

◆ **쟁점** **처분적 법규명령**(처분적 조례, 처분적 고시도 논의는 같다)

**1.** 처분적 법규명령이란 법규명령의 형식을 취하지만, 실질적으로는 처분의 성질인 관련자의 개별성과 규율사건의 구체성을 가지기 때문에 항고소송의 대상이 되는 법규명령을 말한다.★★★

**2.** ① 처분적 조례인 경기도립학교설치조례 중 두밀분교를 폐지하는 내용의 조례(실질은 '폐교처분')에 대해서 무효확인소송이 제기된 바 있으며(경기 가평군 가평읍 상색국민학교 두밀분교를 폐지하는 내용의 이 사건 조례는 위 두밀분교의 취학아동과의 관계에서 영조물인 특정의 국민학교를 구체적으로 이용할 이익을 직접적으로 상실하게 하는 것이

므로 항고소송의 대상이 되는 행정처분이다(대법원 1996. 9. 20. 95누8003(두밀분교사건))),★★

② 처분적 고시인 약제급여상한금액고시(실질은 '보험약가인하처분')에 대해서 취소소송을 인정한 판례도 있다(보건복지부 고시인 약제급여·비급여목록 및 급여상한금액표(보건복지부 고시 제2002-46호로 개정된 것)는 다른 집행행위의 매개 없이 그 자체로서 국민건강보험가입자, 국민건강보험공단, 요양기관 등의 법률관계를 직접 규율하는 성격을 가지므로 항고소송의 대상이 되는 행정처분에 해당한다(대법원 2006. 9. 22. 2005두2506(한미약품사건))).★★★

### 3. 의료기관의 명칭표시판에 진료과목을 함께 표시하는 경우 글자 크기를 제한하고 있는 구 의료법 시행규칙 제31조가 항고소송의 대상인 처분인지 여부(소극)

의료법 시행규칙 제31조가 의료기관의 명칭표시판에 진료과목을 함께 표시하는 경우 그 글자의 크기를 의료기관 명칭을 표시하는 글자 크기의 2분의 1 이내로 제한하고 있지만, 위 규정은 그 위반자에 대하여 과태료를 부과하는 등의 별도의 집행행위 매개 없이는 그 자체로서 국민의 구체적인 권리의무나 법률관계에 직접적인 변동을 초래하지 아니하므로 항고소송의 대상이 되는 행정처분이라고 할 수 없다(대법원 2007. 4. 12. 2005두15168).★★

---

## ◆ 쟁점 행정계획의 처분성

### 1. 행정계획의 의의

행정계획이란 특정한 행정목표를 달성하기 위하여 행정주체가 설정한 활동기준(수단)을 말한다(대법원 2007. 4. 12. 2005두1893).

### 2. 항고소송의 대상인 행정계획

① 도시관리계획결정(현행 도시·군 관리계획결정)의 처분성은 긍정한 반면(도시계획법 제12조 소정의 도시계획결정이 고시되면 도시계획구역 안의 토지나 건물 소유자의 토지형질변경, 건축물의 신축, 개축 또는 증축 등 권리행사가 일정한 제한을 받게 되는바 이런 점에서 볼 때 고시된 도시계획결정은 특정 개인의 권리 내지 법률상의 이익을 개별적이고 구체적으로 규제하는 효과를 가져오게 하는 행정청의 처분이라 할 것이고, 이는 행정소송의 대상이 되는 것이라 할 것이다(대법원 1982. 3. 9. 80누105)),★★ ② 도시기본계획(현행 도시·군 기본계획)의 처분성을 부정한 바 있다(도시기본계획은 도시의 기본적인 공간구조와 장기 발전방향을 제시하는 종합계획으로서 그 계획에는 토지이용계획, 환경계획, 공원녹지계획 등

장래의 도시개발의 일반적인 방향이 제시되지만, 그 계획은 도시계획입안의 지침이 되는 것에 불과하여 일반 국민에 대한 직접적인 구속력은 없는 것이다(대법원 2002. 10. 11. 2000두8226)).★★★ ③ 그리고 토지거래허가구역의 지정도 항고소송의 대상인 처분이다(토지거래계약에 관한 허가구역의 지정은 개인의 권리 내지 법률상의 이익을 구체적으로 규제하는 효과를 가져오게 하는 행정청의 처분에 해당한다(대법원 2006. 12. 22. 2006두12883)).★★ ④ 또한 재건축조합이 도시 및 주거환경정비법에 따라 수립하는 사업시행계획(대법원 2009. 11. 12. 2009마596)과 관리처분계획도 항고소송의 대상인 처분으로 본다(재건축조합이 행정주체의 지위에서 도시정비법 제48조에 따라 수립하는 관리처분계획은 정비사업의 시행 결과 조성되는 대지 또는 건축물의 권리귀속에 관한 사항과 조합원의 비용 분담에 관한 사항 등을 정함으로써 조합원의 재산상 권리·의무 등에 구체적이고 직접적인 영향을 미치게 되므로, 이는 구속적 행정계획으로서 재건축조합이 행하는 독립된 행정처분에 해당한다(대법원(전원) 2009. 9. 17. 2007다2428)).★★

---

### ◆ 쟁점 일반처분

#### 1. 의의

일반처분은 관련자의 인적 범위는 일반적이지만 규율하는 대상이 구체적인 행위이므로 항고소송의 대상이 된다.

#### 2. 판례

판례는 지방경찰청장의 횡단보도설치행위(일반처분)는 보행자의 통행방법을 규제하는 것으로 국민의 권리·의무에 직접 관계가 있는 행위라고 하면서 항고소송의 대상인 처분으로 보았다(대법원 2000. 10. 27. 98두8964).★★★

#### 3. 구 청소년보호법에 따른 청소년유해매체물 결정·고시의 법적 성격 및 그 효력발생의 요건과 시기

구 청소년보호법에 따른 청소년유해매체물 결정 및 고시처분은 당해 유해매체물의 소유자 등 특정인만을 대상으로 한 행정처분이 아니라 일반 불특정 다수인을 상대방으로 하여 일률적으로 표시의무, 포장의무, 청소년에 대한 판매·대여 등의 금지의무 등 각종 의무를 발생시키는 행정처분이다(대법원 2007. 6. 14. 2004두619).★★★

## 1. 항고소송의 대상적격을 부정한 경우

(가) 종래 대법원은 공적 장부에 등재하거나 변경하는 행위는 행정사무집행의 편의와 사실 증명의 자료로 삼기 위한 목적이라는 이유로 처분성을 부정하여 왔다(대법원 1991. 9. 24. 91누1400).

(나) 그리고 무허가건축물관리대장에 등재되어 있었기만 하면 아파트 입주권을 부여받을 수 있는 경우, 무허가건물관리대장에 등재되어 있었다가 그 후 무허가건물관리대장에서 삭제하는 행위는 항고소송의 대상인 처분이 아니라고 보았다(<u>무허가건물관리대장에 등재되어 있기만 하면 등재 무허가건물 소유자로서 분양아파트 입주권을 부여받을 수 있고, 그 이후에도 계속하여 무허가건물관리대장에 등재되어 있을 것을 요구하고 있지 아니하므로, 이 사건 무허가건물이 지장물 이전 및 철거와 관련한 협의계약을 체결할 당시까지 무허가건물관리대장에 등재되어 있었다가 그 이후 무허가건물관리대장에서 삭제되었다고 하여 위 이주대책에서 정한 원고의 법률상 지위에 어떠한 영향을 미친다고 볼 수 없다</u>(대법원 2009. 3. 12. 2008두11525)).★★

(다) 또한 자동차운전면허대장상의 등재행위도 항고소송의 대상인 처분이 아니라고 보았다(<u>자동차운전면허대장상 일정한 사항의 등재행위는 운전면허행정사무집행의 편의와 사실증명의 자료로 삼기 위한 것일 뿐 그 등재행위로 인하여 당해 운전면허 취득자에게 새로이 어떠한 권리가 부여되거나 변동 또는 상실되는 효력이 발생하는 것은 아니므로 이는 행정소송의 대상이 되는 독립한 행정처분으로 볼 수 없다</u>(대법원 1991. 9. 24. 91누1400)).★

## 2. 항고소송의 대상적격을 긍정한 경우

(가) 대법원은 지목변경신청거부처분취소를 구한 사건에서 지목은 토지소유권을 제대로 행사하기 위한 전제요건으로서 토지소유자의 실체적 권리관계에 밀접하게 관련되어 있음을 이유로 항고소송의 대상이 되는 처분으로 보았다(<u>지목은 토지에 대한 공법상의 규제, 개발부담금의 부과대상, 지방세의 과세대상, 공시지가의 산정, 손실보상가액의 산정 등 토지행정의 기초로서 공법상의 법률관계에 영향을 미치고, 토지소유자는 지목을 토대로 토지의 사용·수익·처분에 일정한 제한을 받게 되는 점 등을 고려하면, 지목은 토지소유권을 제대로 행사하기 위한 전제요건으로서 토지소유자의 실체적 권리관계에 밀접하게 관련되어 있으므로 지적공부 소관청의 지목변경신청 반려행위는 국민의 권리관계에 영향을 미치는 것으로서 항고소송의 대상이 되는 행정처분에 해당한다</u>(대법원(전원) 2004. 4. 22. 2003두9015)).★★★

(나) 또한 건축물대장의 용도변경신청거부를 '건축물의 용도는 토지의 지목에 대

응하는 것으로서 건축물의 소유권을 제대로 행사하기 위한 전제요건으로서 건축물 소유자의 실체적 권리관계에 밀접하게 관련되어 있다'는 이유로 항고소송의 대상인 거부처분으로 보았다(건축물의 용도는 토지의 지목에 대응하는 것으로서 건물의 이용에 대한 공법상의 규제, 건축법상의 시정명령, 지방세 등의 과세대상 등 공법상 법률관계에 영향을 미치고, 건물소유자는 용도를 토대로 건물의 사용·수익·처분에 일정한 영향을 받게 되는 점 등을 고려해 보면, 건축물대장의 용도는 건축물의 소유권을 제대로 행사하기 위한 전제요건으로서 건축물 소유자의 실체적 권리관계에 밀접하게 관련되어 있으므로 건축물대장 소관청의 용도변경신청 거부행위는 국민의 권리관계에 영향을 미치는 것으로서 항고소송의 대상이 되는 행정처분에 해당한다(대법원 2009. 1. 30. 2007두7277)).★★★

㈐ 그리고 대법원은 건축물대장작성(생성)신청거부행위를 '건축물대장은 건축물에 관한 소유권보존등기 또는 소유권이전등기를 신청하려면 이를 등기소에 제출해야 하기 때문에 건축물의 소유권을 제대로 행사하기 위한 전제요건으로서 건축물 소유자의 실체적 권리관계에 밀접하게 관련되어 있다'는 이유로 항고소송의 대상인 거부처분으로 보았다(건축물대장은 건축물에 대한 공법상의 규제, 지방세의 과세대상, 손실보상가액의 산정등 건축행정의 기초자료로서 공법상의 법률관계에 영향을 미칠 뿐만 아니라, 건축물에 관한 소유권보존등기 또는 소유권이전등기를 신청하려면 이를 등기소에 제출하여야 하는 점 등을 종합해보면, 건축물대장의 작성은 건축물의 소유권을 제대로 행사하기 위한 전제요건으로서 건축물 소유자의 실체적 권리관계에 밀접하게 관련되어 있으므로 건축물대장 소관청의 작성신청반려행위는 국민의 권리관계에 영향을 미치는 것으로서 항고소송의 대상이 되는 행정처분에 해당한다(대법원 2009. 2. 12. 2007두17359)).★★

㈑ 건축물대장은 건축물의 소유권을 제대로 행사하기 위한 전제요건으로서 건축물 소유자의 실체적 권리관계에 밀접하게 관련되어 있다는 이유로 건축물대장 직권말소행위의 처분성도 긍정하였다(대법원 2010. 5. 27. 2008두22655). 그리고 같은 이유로 관할 관청의 토지대장 직권말소행위도 항고소송의 대상인 처분으로 보았다(대법원 2013. 10. 24. 2011두13286).★★

㈒ 또한 지적 소관청의 토지분할신청 거부행위도 항고소송의 대상인 처분으로 보았다(부동산등기법 제15조, 지적법 제3조 내지 제6조 등의 관계규정에 의하여 토지의 개수는 같은 법에 의한 지적공부상의 토지의 필수를 표준으로 결정되는 것으로 1필지의 토지를 수필로 분할하여 등기하려면 반드시 같은 법이 정하는 바에 따라 분할의 절차를 밟아 지적공부에 각 필지마다 등록되어야 하고, 이러한 절차를 거치지 아니하는 한 1개의 토지로서 등기의 목적이 될 수 없는 것이니 토지의 소유자는 자기소유 토지의 일부에 대한 소유권의 양도나 저당권의 설정 등 필요한 처분행위를 할 수 없게 되고, 특히 1필지의 일부가 소유자가 다르

게 된 때에도 그 소유권을 등기부에 표창하지 못하고 나아가 처분도 할 수 없게 되어 권리행사에 지장을 초래하게 되는 점 등을 고려한다면, 지적 소관청의 이러한 토지분할신청의 거부행위는 국민의 권리관계에 영향을 미치는 것으로서 항고소송의 대상이 되는 처분으로 보아야 할 것이다(대법원 1992. 12. 8. 92누7542)).★★★

---

💎 **쟁점** 통지의 처분성

### 1. 의의

통지행위란 특정인 또는 불특정다수인에게 어떠한 사실을 알리는 행위를 말한다. 그러나 항고소송의 대상인 통지는 법적 효과를 가져오는 행위만을 말한다. 항고소송의 대상인 통지의 예로는 대집행의 계고(의무를 불이행하는 경우 행정대집행법에 따라 대집행한다는 사실을 알리는 행위), 납세의 독촉(체납액을 완납하지 않는 경우 재산이 압류·매각됨을 알리는 행위) 등을 들 수 있다. 내용상 대집행의 계고는 작위하명의 성질을 가지고, 납세독촉은 급부하명의 성질을 가진다.

### 2. 대집행절차인 계고와 대집행영장발부통보의 처분성(적극)

후행처분인 대집행영장발부통보처분의 취소를 청구하는 소송에서 청구원인으로 선행처분인 계고처분이 위법한 것이기 때문에 그 계고처분을 전제로 행하여진 대집행영장발부통보처분도 위법한 것이라는 주장을 할 수 있다(대법원 1996. 2. 9. 95누12507).★★★

### 3. 대학교원의 임용권자가 임용기간이 만료된 조교수에 대하여 재임용을 거부하는 취지로 한 임용기간만료의 통지의 처분성(적극)

기간제로 임용되어 임용기간이 만료된 국·공립대학의 조교수는 교원으로서의 능력과 자질에 관하여 합리적인 기준에 의한 공정한 심사를 받아 위 기준에 부합되면 특별한 사정이 없는 한 재임용되리라는 기대를 가지고 재임용 여부에 관하여 합리적인 기준에 의한 공정한 심사를 요구할 법규상 또는 조리상 신청권을 가진다고 할 것이니, 임용권자가 임용기간이 만료된 조교수에 대하여 재임용을 거부하는 취지로 한 임용기간만료의 통지는 위와 같은 대학교원의 법률관계에 영향을 주는 것으로서 행정소송의 대상이 되는 처분에 해당한다(대법원 2004. 4. 22. 2000두7735).★★★

## 4. 국가공무원법상 당연퇴직사유에 해당함을 알리는 인사발령의 처분성(소극)

국가공무원법 제69조에 의하면 공무원이 제33조 각호의 1에 해당할 때에는 당연히 퇴직한다고 규정하고 있으므로, 국가공무원법상 당연퇴직은 결격사유가 있을 때 법률상 당연히 퇴직하는 것이지, 공무원관계를 소멸시키기 위한 별도의 행정처분을 요하는 것이 아니며, 충남 당진교육청교육장의 당연퇴직의 인사발령은 법률상 당연히 발생하는 퇴직사유를 공적으로 확인하여 알려 주는 이른바 관념의 통지에 불과하고 공무원의 신분을 상실시키는 새로운 형성적 행위가 아니므로 행정소송의 대상이 되는 독립한 행정처분이라고 할 수 없다(대법원 1995. 11. 14. 95누2036).★★★

---

### ◆ 쟁점  단계적 행정행위

#### 1. 부분허가(부분승인)

부분허가란 단계화된 행정절차에서 사인이 원하는 특정부분에 대해서만 허가하는 행위를 말한다(예: 주택법 제49조 제1항 단서의 분할(동별)사용검사(사업주체는 제15조에 따른 사업계획승인을 받아 시행하는 주택건설사업 또는 대지조성사업을 완료한 경우에는 주택 또는 대지에 대하여 국토교통부령으로 정하는 바에 따라 시장·군수·구청장의 사용검사를 받아야 한다. 다만, 제15조 제3항에 따라 사업계획을 승인받은 경우에는 완공된 주택에 대하여 공구별로 사용검사(이하 "분할 사용검사"라 한다)를 받을 수 있고, 사업계획승인조건의 미이행 등 대통령령으로 정하는 사유가 있는 경우에는 공사가 완료된 주택에 대하여 동별로 사용검사(이하 "동별 사용검사"라 한다)를 받을 수 있다)). 부분허가는 항고소송의 대상인 처분이다.

#### 2. 사전결정(예비결정)

사전결정이란 종국적인 행정행위에 요구되는 여러 요건 중 일부 요건들에 대해 사전적으로 심사하여 내린 결정을 말한다(예: 건축법 제10조 제1항의 사전결정(제11조에 따른 건축허가 대상 건축물을 건축하려는 자는 건축허가를 신청하기 전에 허가권자에게 그 건축물의 건축에 관한 다음 각 호의 사항에 대한 사전결정을 신청할 수 있다), 폐기물관리법 제25조 제2항의 사업계획서 적정통보(환경부장관이나 시·도지사는 제1항에 따라 제출된 폐기물 처리사업계획서를 다음 각 호의 사항에 관하여 검토한 후 그 적합 여부를 폐기물

처리사업계획서를 제출한 자에게 통보하여야 한다)). 사전결정은 항고소송의 대상인 처분이다.

### 3. 가행정행위(잠정적 행정행위)

가행정행위란 사실관계나 법률관계가 확정되기 전이지만, 잠정적 규율의 필요성으로 인해 행정법관계의 권리·의무를 잠정적으로 규율하는 행위를 말한다(예: 국가공무원법 제73조의3 제1항 제3호에 의거하여 징계의결이 요구중인 자에게 잠정적으로 직위를 해제하는 경우, 과세액확정 전에 잠정세율로 과세하는 경우, 먹는물관리법 제10조 제1항의 샘물 개발의 가허가(시·도지사는 제9조에 따라 샘물 등의 개발을 허가하기 전에 제13조 제1항에 따른 환경영향조사의 대상이 되는 샘물 등을 개발하려는 자에게는 환경영향조사를 실시하고, 그에 관한 서류(이하 "조사서"라 한다)를 환경부령으로 정하는 기간에 제출할 것을 조건으로 샘물 등의 개발을 가허가할 수 있다)). 가행정행위는 항고소송의 대상인 처분이다.

### 4. 확약

㈎ 확약이란 행정주체가 하는 행정작용의 발령 또는 불발령에 대한 자기구속의 의사표시(약속)를 말한다(예를 들어 건축허가권자가 장래 건축허가처분의 발령을 약속(확약, 허가의 약속을 실무에서는 '내허가'라고도 한다)하는 것을 말한다).

㈏ ① 확약으로 행정기관은 장래의 일정한 의무를 부담하며 그에 따라 상대방은 행정기관에 대해 확약내용의 이행을 청구할 권리가 인정된다는 점에서 국민의 권리·의무에 영향을 미치는 공권력행사인 **행정행위라고 보는 견해**(다수설)이다. ② 그러나 판례는 어업면허에 선행하는 우선순위결정과 관련된 사건에서 「<u>어업권면허에 선행하는 우선순위결정은 행정청이 우선권자로 결정된 자의 신청이 있으면 어업권면허처분을 하겠다는 것을 약속하는 행위로서 강학상 확약에 불과하고 행정처분은 아니다</u>(대법원 1995. 1. 20. 94누6529).★★★」라고 한다.

---

💠 **쟁점** 부관의 처분성

### 1. 부관의 의의

행정행위의 부관이란 행정행위의 효과를 제한 또는 보충하기 위하여 행정기관에 의하여 주된 행정행위에 부가된 종된 규율을 말한다.

## 2. 부관의 종류

### (1) 조건

조건이란 행정행위의 효력의 발생·소멸을 장래에 발생 여부가 불확실한 사실에 종속시키는 부관을 말한다. 조건에는 정지조건과 해제조건이 있다. '정지조건'이란 조건의 성취로 행정행위의 효력이 발생하는 조건을 말하며(예를 들어 주차장의 확보를 정지조건으로 한 여객자동차운수사업면허를 발령하였다면 주차장확보의 정지조건을 성취해야 여객자동차운송사업면허의 효력이 발생한다), '해제조건'이란 조건의 성취로 발령된 행정행위의 효력이 소멸되는 경우의 조건을 말한다(예를 들어 상수원보호구역으로 지정되면 내수면어업허가가 소멸될 것을 해제조건으로 하였다면 상수원보호구역지정이라는 해제조건이 성취되는 순간 내수면어업허가의 효력은 소멸된다).

### (2) 기한

기한이란 행정행위의 효력의 발생·소멸을 장래에 발생 여부가 확실한 사실에 종속시키는 부관을 말한다. 기한에는 시기(始期)(예: 도로점용허가의 효력발생을 장래 특정일자로 정하는 경우)와 종기(終期)(예: 3년을 기간으로 영업을 허가하는 경우)가 있다.

### (3) 철회권(취소권)의 유보

철회권의 유보란 일정한 사정이 발생하면 행정행위를 철회할 수 있음을 미리 정해 두는(=유보) 부관을 말한다(예를 들어 건축허가를 하면서 사후에 환경보존의 필요성이 생기면 건축허가를 취소할 수 있음을 미리 정해 두는 부관을 말한다).

### (4) 부담

부담이란 수익적인 주된 행정행위에 부가된 것으로 상대방에게 작위·부작위·수인·급부 등 의무를 과하는 부관을 말한다(예를 들어 도로점용을 허가면서 점용료납부의무를 과하거나 유흥주점영업을 허가하면서 영업방법제한 등 각종의 행위제한을 가하는 것을 말한다).

## 3. 항고소송의 대상이 되는 부관

부관 그 자체만을 독립된 쟁송의 대상으로 할 수 없는 것이 원칙이나 부담의 경우에는 다른 부관과는 달리 행정행위의 불가분적인 요소가 아니고 그 존속이 본체인 행정행위의 존재를 전제로 하는 것일 뿐이므로 부담 그 자체로서 행정쟁송의 대상이 될 수 있다(대법원 1992. 1. 21. 91누1264). ★★★

## 💎 쟁점 공법상 계약

### 1. 의의

공법상 계약이란 공법상 효과(공법상 권리·의무의 발생·변경·소멸)의 발생을 목적으로 하는 복수당사자의 의사의 합치를 말한다(예: 사유지를 공원이나 도로로 제공하는 계약). 공법상 계약과 관련된 법률관계에 관한 소송은 행정소송법상 당사자소송으로 해결한다는 것이 일반적인 견해이다.★★★ 행정소송법 제3조 제2호는 당사자소송의 대상으로 '행정청의 처분등을 원인으로 하는 법률관계에 관한 소송'뿐만 아니라 '그 밖에 공법상의 법률관계에 관한 소송'을 인정하고 있기 때문이다.

### 2. 중소기업기술정보진흥원장이 갑 주식회사와 중소기업 정보화지원사업 지원대상인 사업의 지원에 관한 협약을 체결한 후, 그 협약의 해지 및 그에 따른 환수통보가 처분인지 여부(소극)

중소기업 정보화지원사업에 따른 지원금 출연을 위하여 중소기업청장이 체결하는 협약은 공법상 대등한 당사자 사이의 의사표시의 합치로 성립하는 공법상 계약에 해당하는 점, … 협약의 해지 및 그에 따른 환수통보는 공법상 계약에 따라 행정청이 대등한 당사자의 지위에서 하는 의사표시로 보아야 하고, 이를 행정청이 우월한 지위에서 행하는 공권력의 행사로서 행정처분에 해당한다고 볼 수는 없다(대법원 2015. 8. 27. 2015두41449).

## 💎 쟁점 공법상 사실행위

### 1. 의의 및 종류

㈎ 공법상 사실행위란 법률관계(권리·의무관계)의 발생·변경·소멸을 목적으로 하는 것이 아니라 사실상의 효과·결과의 실현을 목적으로 하는 행정작용을 말한다(예를 들어 행정기관이 교량을 건설한다거나 도로를 청소하는 것을 말한다. 물론 후술하는 권력적 사실행위처럼 사실상의 효과(결과) 외에 법적 효과(권리나 의무의 발생·변경·소멸을 가져오는 효과)가 더불어 발생하는 경우도 있다).

㈏ 공권력행사란 행정청이 우월한 지위에서 일방적으로 하는 행위를 말하는데, 권력적 사실행위란 외관은 사실행위이지만 공권력행사의 성질을 갖는 것을 말하

며(예: 전염병환자의 강제격리조치, 무허가건축물의 철거), 비권력적 사실행위란 공권력 행사의 성질을 갖지 않는 것을 말한다(예: 건설공사행위, 행정지도).

## 2. 항고소송의 대상인지 여부

㈎ 권력적 사실행위는 사실행위의 요소와 하명(의무를 명하는 행정행위)적 요소가 결합된 합성적 행위이기 때문에 공권력 행사 및 법적 행위(국민의 권리·의무에 영향을 미치는 행위)의 요건을 충족하여 항고소송의 대상인 처분이라고 보는 것이 일반적인 견해이다.★★★

㈏ ① 대법원은 명시적 태도를 보이고 있지는 않으나, 권력적 사실행위로 보이는 단수(斷水)조치를 처분에 해당하는 것으로 판시하였다(대법원 1985. 12. 24. 84누598).★★★ ② 그리고 헌법재판소는 「수형자의 서신을 교도소장이 검열하는 행위는 이른바 권력적 사실행위로서 행정심판이나 행정소송의 대상이 되는 행정처분으로 볼 수 있다(헌재 1999. 8. 27. 96헌마398)」고 하여 명시적으로 권력적 사실행위의 처분성을 인정하고 있다.★★

---

### 💎 쟁점 행정지도

#### 1. 의의

행정지도란 행정기관이 그 소관사무의 범위에서 일정한 행정목적을 실현하기 위하여 특정인에게 일정한 행위를 하거나 하지 아니하도록 지도, 권고, 조언 등을 하는 행정작용(행정절차법 제2조 제3호)을 말한다(예를 들어 행정기관이 겨울철에 산불 화재 조심 캠페인을 하는 것을 말한다).

#### 2. 항고소송의 대상인지 여부

행정지도는 비권력적 행위라는 점에서 공권력행사를 개념요소로 하는 행정소송법상 처분개념에 해당하지 아니하고, 아울러 사실행위라는 점에서 법적 행위가 아니어서 항고소송의 대상이 되지 않는 것이 전통적인 견해이다. 판례의 입장도 같다(관할 구청장이 한국전력공사에 대하여 건축법 제69조 제2항, 제3항의 규정에 의하여 위 건물에 대한 전기공급이 불가하다는 내용의 회신을 하였다면, 그 회신은 권고적 성격의 행위에 불과한 것으로서 한국전력공사나 특정인의 법률상 지위에 직접적인 변동을 가져오는 것은 아니므로 항고소송의 대상이 되는 행정처분이라고 볼 수 없다(대법원 1995. 11. 21. 95누9099)).★★★

## 1. 의의 및 종류

행정상 강제집행이란 행정법상 의무의 불이행이 있는 경우 행정주체가 의무자(의무위반자)의 신체·재산에 실력을 가하여 그 의무가 이행된 것과 같은 상태를 실현하는 작용을 말한다. 행정상 강제집행에는 대집행, 직접강제, 이행강제금, 행정상 강제징수가 있다.

## 2. 대집행

### (1) 의의

대집행이란 타인이 대신하여 행할 수 있는 의무(대체적 작위의무)의 불이행이 있는 경우 행정청이 불이행된 의무를 스스로 행하거나 제3자로 하여금 이행하게 하고 그 비용을 의무자로부터 징수하는 것을 말한다(예를 들어 무허가광고간판을 행정청이 철거하거나 제3자(예: 철거전문건설회사)에게 철거하도록 한 후 철거에 소요된 비용을 무허가광고간판 소유자 등에게 징수하는 것을 말한다).

### (2) 대집행절차

대집행주체는 대집행의 실행(철거의무 불이행의 경우에는 철거행위, 이전의무 불이행의 경우 이전행위)을 하기에 앞서 계고 및 대집행영장에 의한 통지 절차를 거쳐야 한다(행정대집행법 제3조 참조). 그리고 대집행을 실행한 후에는 소요된 비용을 의무자에게 납부하도록 명령한다(행정대집행법 제5조 참조).

### 1) 계고

계고란 의무를 계속 불이행하는 경우 대집행한다는 사실을 알리는 것을 말한다. 계고는 항고소송의 대상이 되는 처분이다.★★★ 그리고 계고처분 후 제2, 제3의 계고가 있다고 하더라도 제2, 제3의 계고는 독립한 처분이 아니라 대집행기한의 연기통지에 불과하다는 것이 판례의 입장이다(대법원 1994. 10. 28. 94누5144).★★★

### 2) 대집행영장 통지

의무자가 계고를 받고 그 지정기한까지 그 의무를 이행하지 아니할 때에는 당해 행정청은 대집행영장으로써 대집행을 할 시기, 대집행을 시키기 위하여 파견하는 집행책임자의 성명과 대집행에 요하는 비용의 개산(概算)에 의한 견적액을 의무자에게 통지하여야 한다(행정대집행법 제3조 제2항). 대집행영장에 의한 통지(행정대집행영장을 통해 대집행한다는 사실을 알리는 것)는 항고소송의 대상이 되는 처

분이다.★★★

### 3) 대집행

의무자가 지정된 기한까지 의무를 이행하지 않으면, 당해 행정청 또는 제3자는 의무자가 해야 할 행위를 대신 실행한다(예: 건축물의 철거, 물건의 이전). 실행행위는 하명(의무를 명하는 행정행위)과 사실행위가 결합된 합성행위로 항고소송의 대상인 처분이다.★★★

### 4) 비용징수

대집행에 요한 비용은 의무자가 부담한다. 당해 행정청은 실제에 요한 비용과 그 납기일을 정하여 의무자에게 문서로써 그 납부를 명하여야 한다(행정대집행법 제5조). 비용납부명령은 급부하명으로 항고소송의 대상인 처분이다.

## 3. 직접강제

직접강제란 의무자의 의무불이행이 있는 경우 행정기관이 의무자의 신체·재산에 직접 실력을 가하여 의무 이행상태를 실현하는 작용을 말한다(예: 불법광고간판을 제거하는 행위). 법적 성질은 사실행위와 하명이 결합된 **권력적 사실행위**로 항고소송의 대상인 처분이다.

## 4. 이행강제금

이행강제금이란 의무자의 의무불이행이 있는 경우 의무의 이행을 강제하는 금전을 부과하여 그 의무의 이행을 간접적으로 실현하는 수단을 말한다(예: 무허가건축물에 대해 의무자가 자진철거를 할 때까지 1달에 50만 원씩 이행강제금을 부과하는 경우). <u>이행강제금 부과는 급부하명으로 항고소송의 대상이 되며, 이행강제금 납부의 최초 독촉도 항고소송의 대상이 되는 처분이다</u>(대법원 2009. 12. 24. 2009두14507).★★

## 5. 행정상 강제징수

### (1) 의의

행정상 강제징수란 의무자가 공법상 금전급부의무를 불이행한 경우 강제로 그 의무이행을 실현하는 행정작용을 말한다.

### (2) 절차

### 1) 독촉

독촉이란 체납액을 완납하지 않는 경우 강제징수(압류·매각·청산)됨을 알리는 행위를 말한다. 독촉은 항고소송의 대상인 처분이다.★

### 2) 체납처분

공법상 금전급부의무불이행이 있는 경우 이를 강제로 징수하는 절차를 체납처분이라 한다.

**a. 압류**　압류란 의무자의 재산처분을 금지하여 그 재산을 강제적으로 확보하는 행위를 말한다. 압류는 항고소송의 대상인 처분이다.★

**b. 매각**　㈎ 매각이란 압류된 재산을 금전으로 바꾸고 체납자의 재산권을 다른 자에게 이전시키는 절차이다. ① 매각예정가격의 결정(국세징수법 제63조), ② 공매공고(국세징수법 제67조 제2항), ③ 공매통지(국세징수법 제68조), ④ 공매(매각하여 소유권을 이전하기로 한 결정)로 이어진다. 다만, 재산을 공매하여도 매수 희망자가 없거나 입찰가격이 매각예정가격 미만일 때에는 재공매한다(재공매결정, 국세징수법 제74조).

㈏ 판례는 <u>공매를 항고소송의 대상인 처분으로 보지만</u>(대법원 1984. 9. 25. 84누201), <u>재공매하기로 한 결정(대법원 2007. 7. 27. 2006두8464)과 공매통지는 항고소송의 대상이 되는 처분이 아니라고 보았다</u>(대법원 2011. 3. 24. 2010두25527).★★

**c. 청산**　청산이란 행정청이 매각절차로 획득한 금전에 대하여 조세 등에 충당할 금액을 확정시키고, 잔여금전을 배분하는 것을 말한다. 청산은 항고소송의 대상인 처분이다.

---

### ◆ 쟁점 행정조사의 처분성

### 1. 행정조사의 의의

행정조사란 행정기관이 적절한 행정작용이나 직무수행을 위해 필요한 자료나 정보를 수집하는 행정활동을 말한다(예: 소방기본법 제29조(화재의 원인 및 피해 조사) ① 국민안전처장관, 소방본부장 또는 소방서장은 화재가 발생하였을 때에는 화재의 원인 및 피해 등에 대한 조사를 하여야 한다).

### 2. 세무조사결정이 항고소송의 대상이 되는 행정처분에 해당하는지 여부(적극)

<u>부과처분을 위한 과세관청의 질문조사권이 행해지는 세무조사결정이 있는 경우 납세의무자는 세무공무원의 과세자료 수집을 위한 질문에 대답하고 검사를 수인하여야 할 법적 의무를 부담하게 되는 점, … 납세의무자로 하여금 개개의 과태</u>

료 처분에 대하여 불복하거나 조사 종료 후의 과세처분에 대하여만 다툴 수 있도록 하는 것보다는 그에 앞서 세무조사결정에 대하여 다툼으로써 분쟁을 조기에 근본적으로 해결할 수 있는 점 등을 종합하면, 세무조사결정은 납세의무자의 권리·의무에 직접 영향을 미치는 공권력의 행사에 따른 행정작용으로서 항고소송의 대상이 된다(대법원 2011. 3. 10. 2009두23617).★★★

### 3. 친일반민족행위자재산조사위원회의 재산조사개시결정이 행정처분으로서 항고소송의 대상이 되는지 여부(적극)

친일반민족행위자재산조사위원회의 재산조사개시결정이 있는 경우 조사대상자는 위 위원회의 보전처분 신청을 통하여 재산권행사에 실질적인 제한을 받게 되고, 위 위원회의 자료제출요구나 출석요구 등의 조사행위에 응하여야 하는 법적 의무를 부담하게 되는 점, '친일반민족행위자 재산의 국가귀속에 관한 특별법'에서 인정된 재산조사결정에 대한 이의신청절차만으로는 조사대상자에 대한 권리구제 방법으로 충분치 아니한 점, 조사대상자로 하여금 개개의 과태료 처분에 대하여 불복하거나 조사 종료 후의 국가귀속결정에 대하여만 다툴 수 있도록 하는 것보다는 그에 앞서 재산조사개시결정에 대하여 다툼으로써 분쟁을 조기에 근본적으로 해결할 수 있는 점 등을 종합하면, 친일반민족행위자재산조사위원회의 재산조사개시결정은 조사대상자의 권리·의무에 직접 영향을 미치는 독립한 행정처분으로서 항고소송의 대상이 된다(대법원 2009. 10. 15. 2009두6513).★★★


## 2. 행정청의 소극적 공권력 행사(거부처분)

거부처분이란 사인의 공권력행사의 신청에 대해 행정청이 요건불비를 이유로 또는 이유가 없다는 이유로 신청된 내용을 발령하지 않겠다는 의사작용을 말한다. 거부처분은 당사자의 신청이 인용되지 않았다는 점에서는 부작위와 같지만 적극적으로 거부의 표시를 하였다는 점에서 부작위와 구별된다.

### (1) 행정청의 공권력 행사의 거부일 것(거부의 내용(=신청의 내용)이 공권력 행사일 것)

항고소송의 대상인 거부처분이 되기 위해서는 사인의 공권력행사의 신청에 대한 거부이어야 한다. 즉, 거부의 내용(=신청의 내용)이 ⓐ 행정청(전통적 의미의 행정청뿐만 아니라 합의제기관, 실질적 의미의 처분을 하는 경우 법원이나 국회의 기관, 행정소송법 제2조 제2항의 행정청등 자신의 명의로 처분을 할 수 있는 모든 행정청(기능적 의미의 행정청)을 말한다)이 행하는 행위로 ⓑ 구체적 사실(규율대상이 구체적 — 시간적으로 1회적, 공간적으로 한정 — 이어야 한다)에 대한 ⓒ 법집행행위(입법이 아니라 법의 집행행위라야 한다)이며 ⓓ 공권력행사(행정청이 공법에 근거하여 우월한 지위에서 일방적으로 행사하여야 한다)이어야 한다.

## (2) 거부로 인하여 국민의 권리나 법적 이익에 직접 영향을 미치는 것일 것(=법적 행위일 것)

(가) '국민의 권리나 법적 이익에 직접 영향을 미치는 것일 것(법적 행위일 것)'은 행정소송법 제2조 제1항 제1호에서 명시된 거부처분의 요소는 아니다. 그러나 판례와 전통적인 견해는 행정청의 소극적인 공권력행사의 경우에도 법적 행위를 거부처분의 성립요건으로 보고 있다.

(나) '법적 행위'란 외부적 행위이며 국민의 권리나 법적 이익과 '직접' 관련되는 행위를 말한다. 판례도「토지분할신청에 대한 거부행위는 국민의 권리관계에 영향을 미친다고 할 것이므로 이를 항고소송의 대상이 되는 처분으로 보아야 할 것이다(대법원 1993. 3. 23. 91누8968)」라고 본다.★★

## (3) 거부처분의 성립에 신청권이 필요한지 여부

### 1) 문제점

거부처분의 성립 요건으로 ① 공권력행사의 거부일 것, ② 거부로 인하여 국민의 권리나 법적 이익에 직접 영향을 미치는 것일 것 외에 ③ 신청권이 필요한지에 대해 학설이 대립한다.

### 2) 학설

학설은 ① 신청권을 가진 자의 신청에 대한 거부라야 항고소송의 대상적격이 인정된다는 견해(대상적격설), ② 신청권을 소송요건의 문제가 아니라 본안의 문제로 보는 견해(본안요건설), ③ 신청권은 원고적격의 문제로 보아야 한다는 견해(원고적격설)가 대립된다.

### 3) 판례

(가) 판례는 잠수기어업불허가처분취소 사건에서「거부처분의 처분성을 인정하기 위한 전제요건이 되는 신청권의 존부는 구체적 사건에서 신청인이 누구인가를 고려하지 않고 관계 법규의 해석에 의하여 일반 국민에게 그러한 신청권을 인정하고 있는가를 살펴 추상적으로 결정되는 것이고 … 따라서 국민이 어떤 신청을 한 경우에 그 신청의 근거가 된 조항의 해석상 행정발동에 대한 개인의 신청권을 인정하고 있다고 보여지면 그 거부행위는 항고소송의 대상이 되는 처분으로 보아야 할 것(대법원 1996. 6. 11. 95누12460)」이라고 하여 거부처분의 성립에 신청권이 필요하다고 본다.★★

(ᄂ) 그리고 신청권은 신청인이 그 신청에 따른 단순한 응답을 받을 권리를 넘어서 신청의 인용이라는 만족적 결과를 얻을 권리를 의미하는 것은 아니라고 한다(대법원 1996. 6. 11. 95누12460).★

> **[참고]** 이에 준하는 행정작용
> ① 실체법적 개념설은 행정소송법상 처분과 행정행위를 동일하다고 본다. 따라서 이 견해는 비권력적 사실행위는 항고소송의 대상이 되지 않는다고 본다(판례). ② 쟁송법적 개념설은 행정소송법상 처분을 행정행위보다 더 광의의 개념으로 본다. 따라서 이 견해는 비권력적 행정작용도 이에 준하는 행정작용에 포함시켜 항고소송의 대상으로 본다.

## 쟁점 항고소송의 대상인 거부처분에 대한 중요 판례 정리

### 1. 긍정한 판결

**[판례1]** 택지개발촉진법에 따른 사업시행을 위하여 토지 등을 제공한 자가 공공용지의취득및손실보상에관한특례법 제8조에 해당함을 이유로 특별분양을 요구한 데 대하여 이를 거부한 사업시행자의 행위가 항고소송의 대상이 되는 행정처분인지 여부(적극)

공공용지의취득및손실보상에관한특례법 제8조에 의하면 사업시행자는 공공사업의 시행에 필요한 토지 등을 제공함으로 인하여 생활근거를 상실하게 되는 자를 위하여 이주대책을 수립 실시하는바 택지개발촉진법에 따른 사업시행을 위하여 토지 등을 제공한 자에 대한 이주대책을 세우는 경우 위 이주대책은 공공사업에 협력한 자에게 특별공급의 기회를 요구할 수 있는 법적인 이익을 부여하고 있는 것이라고 보아야 할 것이므로 그들에게는 특별공급신청권이 인정되며 따라서 사업시행자가 위 조항에 해당함을 이유로 특별분양을 요구하는 자에게 이를 거부한 행위는 항고소송의 대상이 되는 거부처분이라 할 것이다(대법원 1992. 11. 27. 92누3618).★★★

**[판례2]** 행정재산의 사용·수익에 대한 허가 신청을 거부한 행위가 항고소송의 대상인 행정처분인지 여부(적극)

공유재산의 관리청이 행정재산의 사용·수익에 대한 허가는 순전히 사경제주체로서 행하는 사법상의 행위가 아니라 관리청이 공권력을 가진 우월적 지위에서 행하는 행정처분으로서 특정인에게 행정재산을 사용할 수 있는 권리를 설정하여 주는 강학상 특허에 해당하고, 이러한 행정재산의 사용·수익허가처분의 성질에 비추어 국민에게는 행정재산의 사용·수익허가를 신청할 법규상 또는 조리상의 권리가 있다고 할 것이므로 공유재산의 관리청이 이러한 신청을 거부한 행위 역시 행정처분에 해당한다고 할 것이다(대법원 1998. 2. 27. 97누1105).★★

**[판례3] 문화재보호구역 내 토지 소유자의 문화재보호구역 지정해제 신청에 대한 행정청의 거부행위가 항고소송의 대상이 되는 행정처분에 해당하는지 여부(적극)**

문화재보호법은 ⋯ 제8조 제3항의 위임에 의한 같은법시행규칙 제3조의2 제1항은 그 적정성 여부의 검토에 있어서 당해 문화재의 보존 가치 외에도 보호구역의 지정이 재산권 행사에 미치는 영향 등을 고려하도록 규정하고 있는 점 등과 헌법상 개인의 재산권 보장의 취지에 비추어 보면, 문화재보호구역 내에 있는 토지소유자 등으로서는 위 보호구역의 지정해제를 요구할 수 있는 법규상 또는 조리상의 신청권이 있다고 할 것이고, 이러한 신청에 대한 거부행위는 항고소송의 대상이 되는 행정처분에 해당한다(대법원 2004. 4. 27. 2003두8821).★★

**[판례4] 건축주명의변경신고에 대한 수리거부행위가 취소소송의 대상이 되는 처분인지 여부(적극)**

건축주명의변경신고수리거부행위는 행정청이 허가대상건축물 양수인의 건축주명의변경신고라는 구체적인 사실에 관한 법집행으로서 그 신고를 수리하여야 할 법령상의 의무를 지고 있음에도 불구하고 그 신고의 수리를 거부함으로써, 양수인이 건축공사를 계속하기 위하여 또는 건축공사를 완료한 후 자신의 명의로 소유권보존등기를 하기 위하여 가지는 구체적인 법적 이익을 침해하는 결과가 되었다고 할 것이므로, 비록 건축허가가 대물적 허가로서 그 허가의 효과가 허가대상건축물에 대한 권리변동에 수반하여 이전된다고 하더라도, 양수인의 권리의무에 직접 영향을 미치는 것으로서 취소소송의 대상이 되는 처분이라고 하지 않을 수 없다(대법원 1992. 3. 31. 91누4911).★★

## 2. 부정한 판결

**[판례1] 행정청에게 직권취소권이 있다고 이해관계인에게 그 취소를 요구할 신청권이 있는지 여부(소극)**

원래 행정처분을 한 처분청은 그 처분에 하자가 있는 경우에는 원칙적으로 별도의 법적 근거가 없더라도 스스로 이를 직권으로 취소할 수 있지만, 그와 같이 직권취소를 할 수 있다는 사정만으로 이해관계인에게 처분청에 대하여 그 취소를 요구할 신청권이 부여된 것으로 볼 수는 없으므로, 처분청이 위와 같이 법규상 또는 조리상의 신청권이 없이 한 이해관계인의 복구준공통보 등의 취소신청을 거부하더라도, 그 거부행위는 항고소송의 대상이 되는 처분에 해당하지 않는다(대법원 2006. 6. 30. 2004두701).★★★

**[판례2] 구 문화재보호법상의 도지정문화재 지정처분으로 인하여 불이익을 입거나 입을 우려가 있다는 사정을 이유로 특정 개인에게 그 지정처분의 취소 또는 해제를 구할 조리상 신청권이 인정되는지 여부(소극)**

구 문화재보호법(1995. 12. 29. 법률 제5073호로 개정되기 전의 것) 제55조 제5항의 위임에 기하여 도지정문화재의 지정해제에 관한 사항을 정하고 있는 구 경상남도문화재보호조례 (1999. 10. 11. 개정되기 전의 것) 제15조는, 도지사는 도지정문화재가 문화재로서의 가치를 상실하거나 기타 특별한 사유가 있는 때에 위원회의 심의를 거쳐 그 지정을 해제한다고 규정하고 있을 뿐이고, 같은 법과 같은 조례에서 개인이 도지사에 대하여 그 지정의 취소 또는 해제를 신청할 수 있다는 근거 규정을 별도로 두고 있지 아니하므로, 법규상으로 개인에게 그러한 신청권이 있다고 할 수 없고, 같은 법과 같은 조례가 이와 같이 개인에게 그러한 신청권을 부여하고 있지 아니한 취지는, 도지사로 하여금 개인의 신청에 구애됨이 없이 문화재의 보존이라는 공익적인 견지에서 객관적으로 지정해제사유 해당 여부를 판정하도록 함에 있다고 할 것이므로, 어느 개인이 문화재 지정처분으로 인하여 불이익을 입거나 입을 우려가 있다고 하더라도, 그러한 개인적인 사정만을 이유로 그에게 문화재 지정처분의 취소 또는 해제를 요구할 수 있는 조리상의 신청권이 있다고도 할 수 없다(대법원 2001. 9. 28. 99두8565).★★

**[판례3] 과세관청이 경정청구기간이 도과한 후 제기된 경정청구에 대하여 경정을 거절한 경우, 이를 항고소송의 대상이 되는 거부처분으로 볼 수 있는지 여부(소극)**

경정청구기간이 도과한 후 제기된 경정청구는 부적법하여 과세관청이 과세표준 및 세액을 결정 또는 경정하거나 거부처분을 할 의무가 없으므로, 과세관청이 경정을 거절하였다고 하더라도 이를 항고소송의 대상이 되는 거부처분으로 볼 수 없다(대법원 2015. 3. 12. 2014두44830).★★

**[판례4] 국민이 행정청에 대하여 제3자에 대한 건축허가와 준공검사의 취소 및 제3자 소유의 건축물에 대한 철거명령을 요구할 수 있는 법규상 또는 조리상 권리가 있는지 여부(소극)**

구 건축법 및 기타 관계 법령에 국민이 행정청에 대하여 제3자에 대한 건축허가의 취소나 준공검사의 취소 또는 제3자 소유의 건축물에 대한 철거 등의 조치를 요구할 수 있다는 취지의 규정이 없고, 같은 법 제69조 제1항 및 제70조 제1항은 각 조항 소정의 사유가 있는 경우에 시장·군수·구청장에게 건축허가 등을 취소하거나 건축물의 철거 등 필요한 조치를 명할 수 있는 권한 내지 권능을 부여한 것에 불과할 뿐, 시장·군수·구청장에게 그러한 의무가 있음을 규정한 것은 아니므로 위 조항들도 그 근거 규정이 될 수 없으며, 그 밖에 조리상 이러한 권리가 인정된다고 볼 수도 없다(대법원 1999. 12. 7. 97누17568).★

**[판례5] 시영아파트에 대한 분양불허 의사표시가 행정처분인지 여부(소극)**

서울특별시의 위 지침은 서울특별시 내부에 있어서의 행정지침에 불과하며 그 지침 소정의 사람에게 공법상의 분양신청권이 부여되는 것은 아니라 할 것이어서 서울특별시의 시영아파트에 대한 분양불허의 의사표시는 항고소송의 대상이 되는 행정처분으로 볼 수 없다(대법원 1993. 5. 11. 93누2247).★

**[판례6] 과거에 법률에 의하여 당연퇴직된 공무원의 복직 또는 재임용신청에 대한 행정청의 거부행위가 항고소송의 대상이 되는 행정처분에 해당하는지 여부(소극)**

과거에 법률에 의하여 당연퇴직된 공무원이 자신을 복직 또는 재임용시켜 줄 것을 요구하는 신청에 대하여 그와 같은 조치가 불가능하다는 행정청의 거부행위는 당연퇴직의 효과가 계속하여 존재한다는 것을 알려주는 일종의 안내에 불과하므로 당연퇴직된 공무원의 실체상의 권리관계에 직접적인 변동을 일으키는 것으로 볼 수 없고, 당연퇴직의 근거 법률이 헌법재판소의 위헌결정으로 효력을 잃게 되었다고 하더라도 당연퇴직된 이후 헌법소원 등의 청구기간이 도과한 경우에는 당연퇴직의 내용과 상반되는 처분을 요구할 수 있는 조리상의 신청권을 인정할 수도 없다고 할 것이어서, 이와 같은 경우 행정청의 복직 또는 재임용거부행위는 항고소송의 대상이 되는 행정처분에 해당한다고 할 수 없다 (대법원 2005. 11. 25. 2004두12421).★

**[판례7] 전통사찰의 등록말소신청을 거부한 행정청의 회신이 항고소송의 대상이 되는 거부처분에 해당하는지 여부(소극)**

전통사찰의 등록은 소관 부처의 장관이 사찰관계전문가의 의견을 들어 역사적 의의를 가진 전통사찰이라고 지정한 다음 그 사실을 당해 사찰의 주지에게 통지하여 그 주지로 하여금 등록신청을 하게 함으로써 이루어지는 것으로서 이와 같이 지정된 전통사찰에 대하여 그 등록의 말소를 신청할 법규상의 근거는 없고, 조리상으로도 그러한 신청권이 인정된다고 할 수 없으므로, 전통사찰의 등록말소신청을 거부한 행정청의 거부회신이 항고소송의 대상이 되는 거부처분에 해당하지 아니한다(대법원 1999. 9. 3. 97누13641).★

## ◆ 쟁점 계획변경청구권(신청권)

### 1. 의의

계획변경청구권(계획변경신청권)이란 기존계획의 변경을 청구할 수 있는 권리를 말한다.

### 2. 인정 여부

#### (1) 원칙

행정계획의 공익성을 고려할 때 사인에게 계획의 변경을 구할 수 있는 권리를 인정하기는 어렵다. 판례도 사인에게 **계획변경신청권을 인정하지 않는다는 입장**이다(국토이용계획은 장기성, 종합성이 요구되는 행정계획이어서 원칙적으로는 그 계획이 일단 확정된 후에 어떤 사정의 변동이 있다고 하여 그러한 사유만으로는 지역주민이나 일반 이해관계인에게 일일이 그 계획의 변경을 신청할 권리를 인정하여 줄 수는 없을 것이다(대법원 2003. 9. 23. 2001두10936)).★★★

#### (2) 예외

㈎ 진안군수가 주식회사 진도의 국토이용계획변경승인신청을 거부한 사건에서 「지역주민이나 일반 이해관계인에게 일일이 그 계획의 변경을 신청할 권리를 인정하여 줄 수는 없을 것이지만, … 피고로부터 폐기물처리사업계획의 적정통보를 받은 원고가 폐기물처리업허가를 받기 위하여는 이 사건 부동산에 대한 용도지역을 '농림지역 또는 준농림지역'에서 '준도시지역(시설용지지구)'으로 변경하는 국토이용계획변경이 선행되어야 하고, 원고의 위 계획변경신청을 피고가 거부한

다면 이는 실질적으로 원고에 대한 폐기물처리업허가신청을 불허하는 결과가 되므로, 원고는 위 국토이용계획변경의 입안 및 결정권자인 피고에 대하여 그 계획변경을 신청할 법규상 또는 조리상 권리를 가진다(대법원 2003. 9. 23. 2001두10936).★★」고 하여 '계획변경신청을 거부하는 것이 실질적으로 당해 행정처분 자체를 거부하는 결과가 되는 경우'는 예외적으로 계획변경을 신청할 권리는 인정하였다.

㈏ 그리고 계획변경신청권을 인정한 것은 아니지만, 관련법령이 도시계획구역 내에 토지 등을 소유하고 있는 주민에게 관련법령이 도시계획의 입안을 제안할 수 있고 입안제안을 받은 입안권자는 그 처리결과를 제안자에게 통보할 것을 규정하고 있으므로, 판례는 해당 주민에게 도시계획입안을 요구할 수 있는 신청권을 인정하였다(구 도시계획법은 … 도시계획입안제안과 관련하여서는 주민이 입안권자에게 '1. 도시계획시설의 설치·정비 또는 개량에 관한 사항 2. 지구단위계획구역의 지정 및 변경과 지구단위계획의 수립 및 변경에 관한 사항'에 관하여 '도시계획도서와 계획설명서를 첨부'하여 도시계획의 입안을 제안할 수 있고, 위 입안제안을 받은 입안권자는 그 처리결과를 제안자에게 통보하도록 규정하고 있는 점 등과 헌법상 개인의 재산권 보장의 취지에 비추어 보면, 도시계획구역 내 토지 등을 소유하고 있는 주민으로서는 입안권자에게 도시계획입안을 요구할 수 있는 법규상 또는 조리상의 신청권이 있다(대법원 2004. 4. 28. 2003두1806)).★★★

## Ⅱ. 취소소송의 대상인 재결

### 1. 재결소송의 개념

#### (1) 재결소송의 의의

재결소송이란 재결을 분쟁대상으로 하는 항고소송을 말한다. 여기서 재결이란 행정심판법에서 말하는 재결(행정심판법 제2조 3. '재결'이란 행정심판의 청구에 대하여 행정심판법 제6조에 따른 행정심판위원회가 행하는 판단을 말한다)만을 뜻하는 것은 아니라 개별법상의 행정심판이나 이의신청에 따른 재결도 포함된다.

#### (2) 원처분주의

행정소송법상 재결에 대한 취소소송은 재결 자체에 고유한 위법이 있는 경우에 한한다(행정소송법 제19조 단서). 즉 취소소송은 원칙적으로 원처분을 대상으로 해야 하며, 재결은 예외적으로만 취소소송의 대상이 될 수 있다. 이를 원처분주의라고 하며 재결주의(재결만이 항고소송의 대상이며, 재결소송에서 재결의 위법뿐만 아니라 원처분의 위법도 주장할 수 있다는 입장)와 구별된다. 행정소송법은 원처분주의를 취하고 있지만, 개별법에서 재결주의를 규정하기도 한다.

### (3) 재결소송의 인정필요성

원처분주의의 예외로서 재결소송을 인정한 것은 원처분을 다툴 필요가 없거나 다툴 수 없는 자가 재결로 인하여 권리가 침해되는 경우가 있기 때문이다(예를 들어 연탄공장건축허가(원처분)를 거부당한 자가 행정심판을 제기하여 허가재결을 받은 경우, 그 연탄공장의 이웃에 거주하는 자에게 원처분은 연탄공장건축허가거부처분—수익적 처분—이기 때문에 침익적인 연탄공장건축허가재결의 취소를 구하는 소송을 인정해야 한다).

## 2. 재결소송의 사유

### (1) '재결 자체에 고유한 위법'의 의의

재결소송은 재결 자체에 고유한 위법(원처분에는 없는 재결만의 고유한 위법)이 있는 경우에 가능하다. 여기서 '재결 자체에 고유한 위법'이란 재결 자체에 주체·절차·형식 그리고 내용상의 위법이 있는 경우를 말한다. 그리고 재결(심리)의 범위를 벗어난 재결도 재결만의 고유한 하자가 될 수 있다(행정심판법 제47조 ① 위원회는 심판청구의 대상이 되는 처분 또는 부작위 외의 사항에 대하여는 재결하지 못한다. ② 위원회는 심판청구의 대상이 되는 처분보다 청구인에게 불리한 재결을 하지 못한다).

### (2) 주체·절차·형식의 위법

① 권한이 없는 기관이 재결하거나 행정심판위원회의 구성원에 결격자가 있다거나 정족수 흠결 등의 사유가 있는 경우 주체의 위법에 해당한다. ② 절차의 위법은 행정심판법상의 심판절차를 준수하지 않은 재결을 말한다. ③ 형식의 위법은 서면에 의하지 아니하고 구두로 한 재결(행정심판법 제46조 제1항)이나 행정심판법 제46조 제2항 소정의 주요기재 사항이 누락된 경우 등을 말한다.

### (3) 내용의 위법

판례는 「행정소송법 제19조에서 말하는 재결 자체에 고유한 위법이란 원처분에는 없고 재결에만 있는 재결청(현행법상으로는 위원회)의 권한 또는 구성의 위법, 재결의 절차나 형식의 위법, 내용의 위법 등을 뜻하고, 그중 내용의 위법에는 위법·부당하게 인용재결을 한 경우가 해당한다(대법원 1997. 9. 12. 96누14661).★★」고 판시하여 내용상 위법도 재결 자체에 고유한 위법에 포함된다고 본다.

#### 1) 각하재결의 경우

행정심판청구 요건을 모두 구비하여 심판청구가 부적법하지 않음에도 본안심리(위법·부당성 심사)를 하지 아니한 채 각하한 재결은 원처분에는 없는 재결만의 고유한 하자이므로 재결소송의 대상이 된다.★★★

### 2) 기각재결의 경우

㈎ 원처분이 정당하다고 하여 심판청구를 기각한 재결은 원칙적으로 재결 자체의 고유한 내용상 위법은 없다. 왜냐하면 기각재결은 원처분이 정당하다는 것을 내용으로 하기 때문에 기각재결을 다투는 것은 원처분을 다투는 것과 동일한 위법을 주장하는 것이며 재결 자체의 고유한 위법을 주장하는 것이 아니기 때문이다.

㈏ 그러나 행정심판청구가 심판청구요건을 구비하지 못해 각하재결을 하여야 함에도 기각재결을 한 경우, 재결 자체에 고유한 위법이 있어 재결소송의 대상이 될 수 있다.★★

### 3) 인용재결의 경우

㈎ 행정심판청구인은 자신의 심판청구가 받아들여진 인용재결에 대하여서는 불복할 이유가 없다. 그러나 인용재결로 말미암아 권리침해 등의 불이익을 받게 되는 제3자는 인용재결을 다툴 필요가 있다(앞의 예에서 연탄공장건축허가(원처분)를 거부당한 자가 행정심판을 제기하여 건축허가재결을 받은 경우, 그 연탄공장 이웃에 거주하는 자가 자신에게는 침익적인 건축허가재결의 취소를 구하는 경우). <u>위원회의 인용재결로 비로소 권리·이익의 침해를 받은 제3자가 인용재결을 다투는 경우 그 인용재결은 원처분과 내용을 달리하기 때문에 재결 자체에 고유한 위법에 해당한다</u>(대법원 1997. 12. 23. 96누10911).★★★

㈏ 또한, 행정심판청구가 심판청구요건을 구비하지 못해 각하재결을 하여야 함에도 인용재결을 한 경우, 재결 자체에 고유한 위법이 있어 재결소송의 대상이 될 수 있다.

## 3. 원처분주의의 위반과 판결

재결 자체의 고유한 위법이 없음에도 재결에 대해 취소소송을 제기한 경우의 소송상 처리에 관해서 판례는 「재결 자체에 고유한 위법이 없는 경우에는 원처분의 당부와는 상관없이 <u>당해 재결취소소송은 이를 기각하여야 한다</u>(대법원 1994. 1. 25. 93누16901).★★」고 한다.

## 4. 원처분주의의 예외(재결주의)

### (1) 재결주의의 의의

개별법률에서 원처분주의의 예외로서 재결을 소의 대상으로 하는 경우가 있는데, 이처럼 재결만이 항고소송의 대상이며 재결취소소송에서 재결의 위법뿐만 아니라 원처분의 위법도 주장할 수 있다는 입장을 재결주의라고 한다(대법원 1991. 2. 12. 90누288).★★

## (2) 재결주의와 필요적 심판전치

재결주의는 재결만이 소의 대상이 되고 재결에서 원처분의 위법성을 주장해야 하는 바, 필연적으로 필요적 심판전치에 해당한다. 헌법재판소도 「개별법률에서 재결주의를 정하는 경우에는 재결에 대해서만 제소하는 것이 허용되므로 그 논리적인 전제로서 취소소송을 제기하기 전에 행정심판을 필요적으로 경유할 것이 요구(헌재 2001. 6. 28. 2000 헌바77)**」된다고 본다.

### ◈ 쟁점 재결주의의 예***

#### 1. 중앙노동위원회의 재심판정

노동위원회법

제26조(중앙노동위원회의 재심권) ① 중앙노동위원회는 당사자의 신청이 있는 경우 지방노동위원회 또는 특별노동위원회의 처분을 재심하여 이를 인정·취소 또는 변경할 수 있다.

제27조(중앙노동위원회의 처분에 대한 소) ① 중앙노동위원회의 처분에 대한 소송은 중앙노동위원회 위원장을 피고로 하여 처분의 송달을 받은 날부터 15일 이내에 이를 제기하여야 한다.

[관련 판례] 당사자가 지방노동위원회의 처분에 대하여 불복하기 위하여는 처분 송달일로부터 10일 이내에 중앙노동위원회에 재심을 신청하고 중앙노동위원회의 재심판정서 송달일로부터 15일 이내에 중앙노동위원장을 피고로 하여 재심판정취소의 소를 제기하여야 할 것이다(대법원 1995. 9. 15. 95누6724).

#### 2. 감사원의 재심의 판정

감사원법

제36조(재심의 청구) ① 제31조에 따른 변상 판정에 대하여 위법 또는 부당하다고 인정하는 본인, 소속 장관, 감독기관의 장 또는 해당 기관의 장은 변상판정서가 도달한 날부터 3개월 이내에 감사원에 재심의를 청구할 수 있다.

제40조(재심의의 효력) ② 감사원의 재심의 판결에 대하여는 감사원을 당사자로 하여 행정소송을 제기할 수 있다. 다만, 그 효력을 정지하는 가처분결정은 할 수 없다.

[관련 판례] 감사원의 변상판정처분에 대하여서는 행정소송을 제기할 수 없고, 재결에 해당하는 재심의 판정에 대하여서만 감사원을 피고로 하여 행정소송을 제기할 수 있다(대법원 1984. 4. 10. 84누91).

#### 3. 특허심판원의 심결

특허출원에 대해 심사관의 특허거절결정 등을 한 경우 이 결정 등에 대해서는 행정소송을 제기할 수 없고, 특허심판원에 심판청구를 한 후 그 심결을 소송대상으로 하여 특허법원에 심결취소를 구하는 소를 제기해야 한다(특허법 제186조, 제189조, 실용신안법 제33조, 디자인보호법 제166조, 상표법 제162조 참조).

---

💎 **쟁점** 교원소청심사위원회의 결정에 대한 불복(필요적 심판전치, 원처분주의)

(개) 교원의 지위향상을 위한 특별법 제9조 제1항은 "교원이 징계처분과 그 밖에 그 의사에 반하는 불리한 처분에 대하여 불복할 때에는 그 처분이 있었던 것을 안 날부터 30일 이내에 심사위원회에 소청심사를 청구할 수 있다"라고 규정한다.
(내) ① 이때 교원이 사립학교교원인 경우 학교법인 등이 교원에게 한 징계 등은 항고소송의 대상인 처분이 아니므로(학교법인은 행정청이 아님) 교원소청심사위원회의 결정이 원처분으로 항고소송의 대상이 되지만, ② 국공립학교교원의 경우 징계 등은 원처분이고 교원소청심사위원회의 결정은 재결이므로 행정소송법 제19조 단서의 원처분주의에 따라 원처분인 징계 등이 소의 대상이 되며 교원소청심사위원회의 결정은 고유한 위법이 있는 경우만 소송의 대상이 된다(대법원 1994. 2. 8. 93누17874).★★

## 5. 특수문제

> **행정심판법**
> **제43조(재결의 구분)** ③ 위원회는 취소심판의 청구가 이유가 있다고 인정하면 처분을 취소 또는 다른 처분으로 변경하거나 처분을 다른 처분으로 변경할 것을 피청구인에게 명한다.
> ⑤ 위원회는 의무이행심판의 청구가 이유가 있다고 인정하면 지체 없이 신청에 따른 처분을 하거나 처분을 할 것을 피청구인에게 명한다.

## (1) 취소심판에서 위원회가 일부취소재결·변경재결을 한 경우 재결과 원처분(남은 원처분, 변경된 원처분) 중 항고소송의 대상

### 1) 문제 상황

침익적 처분에 대해 행정심판을 제기하여 일부취소재결 또는 변경재결(일부인용재결)을 받았지만 당사자는 여전히 남은 부분에 '내용상 위법'이 있다고 하여 불복하려는 경우 소송의 대상이 무엇인지가 문제된다(예: 3개월 영업정지처분이 일부취소재결로 1개월 영업정지처분이 된 경우)(예: 3개월 영업정지처분이 변경재결로 100만원 과징금부과처분이 된 경우).

### 2) 검토

다수설 및 판례는 재결로 일부취소되고 남은 부분 또는 재결로 변경되고 남은 부분의 성질을 원처분의 일부라고 본다. 따라서 행정소송법 제19조 단서의 원처분주의가 적용되어 원처분이 소송의 대상이라고 본다.★★

## (2) 변경처분(일부취소처분)과 변경된 원처분(남은 원처분) 중 항고소송의 대상

이 쟁점이 논의되는 것은 ① 처분청이 처분을 발령한 후 이를 스스로 직권으로 변경처분(일반적으로 축소변경)을 한 경우, ② 처분청이 처분을 발령한 후 상대방의 취소심판 제기에 따라 위원회의 변경명령재결이 있었고 그에 따라 처분청이 재결의 기속력에 따라 변경처분(축소변경)을 한 경우, ③ 처분청이 처분을 발령한 후 이를 스스로 일부취소 처분을 한 경우가 있다. 아래의 설명은 ②의 경우에 따른 것이지만 ①과 ③의 경우도 논의는 같다. 주의할 것은 이 쟁점은 처분 중 어느 '처분'이 항고소송의 대상이 되는지에 대한 논의이며 재결이 소의 대상이 되는지에 대한 논의가 아니므로, 행정소송법 제19조 단서는 문제되지 않는다.

### 1) 문제 상황

위원회의 변경명령재결 후 피청구인인 행정청이 재결의 기속력에 따라 변경처분을 한 경우, 변경되고 남은 부분을(일부취소의 경우 취소되고 남은 부분) 변경처분(원처분의 변경 행위)과 변경된 원처분(원처분의 변경행위 후 남게 되는 부분) 중 어느 것이라고 볼 것인지와 관련해 항고소송의 대상이 문제된다(위의 ③의 경우라면 일부취소처분과 남은 원처분 중 어느 행위가 항고소송의 대상인지의 문제가 된다).

### 2) 판례

판례는 ① 행정심판위원회의 변경명령재결에 따라 처분청이 변경처분을 한 경우, 변경처분에 의해 원처분이 소멸하는 것이 아니라 변경된 원처분으로 존재하기 때문에 소송의 대상은 <u>변경된 원처분</u>(당초처분)이라고 한다. 따라서 <u>제소기간의 준수 여부도 변경된 '원처분'을 기준으로 한다</u>(대법원 2007. 4. 27. 2004두9302).★★★ ② 그리고 처분청이 스스로 일부취소처분을 한 경우에도, 일부취소처분(감액처분)은 원처분 중 일부취소부분에만 법적 효과가 미치는 것이며 원처분과 별개의 독립한 처분이 아니므로 <u>소송의 대상은 취소되지 않고 남은 원처분</u>이라고 한다. 따라서 <u>제소기간의 준수 여부도 남은 '원처분' 을 기준으로 한다</u>(대법원 2012. 9. 27. 2011두27247).★★★

**(3) 형성재결(취소심판에서 취소·변경재결, 의무이행심판에서 처분재결)이 있는 경우 형성 재결 결과의 통보가 항고소송의 대상이 되는지 여부**

　　형성재결의 경우 위원회의 재결로 이미 법률관계는 형성되었기 때문에, <u>위원회로부터 재결을 통보받은 처분청이 행하는 재결결과의 통보는 사실행위에 불과하고 항고소송의 대상인 처분이 아니다</u>(대법원 1997. 5. 30. 96누14678).★★★(예를 들어 이미 시내버스운송사업면허를 받은 갑은 A행정청이 을에게 동일한 면허처분을 발령하자 그 면허처분에 대해 취소심판을 제기하여 위원회가 취소재결을 하였는데 그 후 A행정청이 취소(재결결과의 통보)한 경우, 을은 취소소송을 제기하려면 위원회의 취소재결 — 원처분은 면허처분이고, 재결은 면허취소재결이므로 재결자체에 고유한 위법이 있다 — 을 대상으로 해야 하며 A행정청의 취소(재결결과의 통보)는 항고소송의 대상인 처분이 될 수 없다. 왜냐하면 면허취소재결은 형성재결이므로 위원회가 취소재결을 한 경우 이미 법률관계는 형성되었고, 그 후 A행정청의 취소(재결결과의 통보)는 관념의 통지(사실행위)에 불과하기 때문이다).

**(4) 명령재결(예를 들어 의무이행심판에서 처분명령재결을 제3자가 다투는 경우)과 그에 따른 처분 중 항고소송의 대상**

　　판례는 인용재결과 그에 따른 처분 모두 항고소송의 대상이 될 수 있다는 입장이다(대법원 1993. 9. 28. 92누15093).★★

## ● 제3항　취소소송의 당사자

### Ⅰ. 의의

　　취소소송의 당사자는 원고·피고·참가인이며, 당사자능력이란 소송상 당사자가 될 수 있는 능력을 말한다. 행정소송상 당사자능력은 권리능력(권리·의무의 주체가 될 수 있는 지위·자격)이 부여된 자연인(권리의 주체인 사람)·법인(주무관청의 허가와 설립등기를 함으로써 법인격을 취득한 법인)뿐만 아니라 법인격을 취득하기 전의 법인도 인정될 수 있다(행정소송법 제8조 제2항·민사소송법 제52조).

### Ⅱ. 원고적격

#### 1. 의의

　　⑺ '원고적격'이란 행정소송에서 원고(본안판결에 의해 보호될 법적 이익의 귀속주체)가 될

수 있는 자격을 말한다. 취소소송의 원고적격에 대해 행정소송법 제12조 제1문은 "취소소송은 처분등의 취소를 구할 법률상 이익이 있는 자가 제기할 수 있다"고 규정한다.

㈏ 원고적격은 소송요건의 하나이므로 **✦판단기준시는 사실심변론종결시이지만**, 사실심 변론종결시는 물론 **✦상고심**(고등법원이 선고한 종국판결과 지방법원 합의부가 제2심으로서 선고한 종국판결에 대하여 법령위반이 있음을 주장하여 그 판결의 당부에 관해 심판을 구하는 심급을 말한다(민사소송법 제422조 제1항))에서도 **존속하여야 하고 <u>이를 흠결하면 부적법한 소가 된다</u>**(대법원 2007. 4. 12. 2004두7924).★★★

## 2. 법률상 이익이 있는 자의 분석

법률상 이익(권리)이 성립되려면 근거법률(법규) 등이 행정청의 의무와 사익보호성을 규정하고 있어야 하는데, 행정청의 의무 및 사익보호성 유무의 판단기준이 되는 법률(법규)을 어디까지 한정할 것인지가 문제된다(일방에게 권리가 성립되기 위해서는 그에 대응하여 상대방에게는 법적 의무가 전제되어야 한다. 즉 권리는 법적 의무를 필수적 전제로 한다. 그러나 행정법관계에서 행정청에게 법적 의무가 존재한다고 하여 사인에게 반드시 권리가 성립되는 것은 아니다. 왜냐하면 행정의 본질은 공익실현으로 행정청은 공익을 위한 법적 의무도 부담하기 때문이다).

### (1) 법률상 이익에서 '법률(법규)'의 범위

㈎ 판례는 기본적으로 당해 처분의 근거가 되는 법규가 보호하는 이익만을 법률상 이익으로 본다(대법원 1989. 5. 23. 88누8135).★★

㈏ 최근에는 폐기물처리시설입지결정사건에서 근거법규 외에 관련법규까지 고려하여 법률상 이익을 판단하고 있다(대법원 2005. 5. 12. 2004두14229).★★ 다만, 근거법규나 관련법규에서 명시적이지 않더라도 합리적인 해석상 행정청의 의무와 사익보호성을 인정할 수 있다고 한다(대법원 2004. 8. 16. 2003두2175).★

㈐ 하지만 헌법상의 기본권 및 기본원리는 법률상 이익의 해석에서 일반적으로 고려하지 않는다. 다만, ⓐ 대법원은 접견허가거부처분사건에서 '접견권'을(접견권은 헌법상 기본권의 범주에 속하는 것 … <u>자신의 접견권이 침해되었음을 주장하여 위 거부처분의 취소를 구할 원고적격을 가진다</u>(대법원 1992. 5. 8. 91누7552)), ⓑ 헌법재판소는 국세청장의 납세병마개제조자지정처분과 관련된 헌법소원사건에서 '경쟁의 자유'를(일반법규에서 경쟁자를 보호하는 규정을 별도로 두고 있지 않은 경우에도 <u>기본권인 경쟁의 자유가</u> 바로 행정청의 지정행위의 취소를 구할 <u>법률상의 이익이 된다</u>(헌재 1998. 4. 30. 97헌마141)) 기본권이지만 권리로 인정(또는 고려)하였다고 일반적으로 해석한다.★★★

### (2) '이익이 있는'의 의미

판례는 '법률상의 이익'이란 당해 처분등의 근거가 되는 법규에 의하여 보호되는 개별적·직접적이고 구체적인 이익을 말하고, 단지 간접적이거나 사실적, 경제적인 이해관계를 가지는 데 불과한 경우에는 행정소송을 제기할 법률상의 이익이 아니라고 본다(대법원 1992. 12. 8. 91누13700).★★

### (3) '자'의 범위

(가) 법률상 이익의 주체에는 자연인, 법인(공법인도 그 자신의 권리가 침해된 경우는 주체가 될 수 있다), 법인격 없는 단체, 다수인(행정소송법 제15조 참조)도 가능하다. 특히 법률상 이익이 있다면 처분의 상대방이 아닌 제3자(후술하는 경쟁자소송, 경원자소송, 이웃소송 참조)도 법률상 이익의 주체가 될 수 있다.

(나) 행정주체가 아닌 행정기관은 원칙상 항고소송을 제기할 법률상 이익이 인정되지 않는다. 그러나 대법원은 **경기도선거관리위원회 위원장이 국민권익위원회를 상대로 불이익처분원상회복등요구처분취소를 구한** 사건에서 원고(경기도선거관리위원회 위원장)는 피고(국민권익위원회)의 조치요구에 따라야 할 의무를 부담하고 이를 불이행하는 경우 과태료나 벌금에 처해지기 때문에 행정기관의 장에게 이러한 조치요구를 다툴 소송상 지위를 인정해야 하지만, 원고는 피고 위원회의 조치요구를 다툴 별다른 방법이 없지만, 피고의 조치요구는 처분성이 인정되기 때문에 원고는 항고소송을 제기하는 것이 유효·적절한 수단이므로 원고는 비록 국가기관이지만 원고적격을 가진다고 보았다(대법원 2013. 7. 25. 2011두1214).★★★

## 3. 원고적격의 확대

행정소송법 제12조는 법률상 이익이 있는 자이면 처분의 직접 상대방이 아닌 자(제3자)도 취소소송을 제기할 수 있다고 규정한다(해당 법규에서 제3자에 대한 행정청의 의무와 사익보호목적을 규정하고 있는 경우). 아래에서는 처분의 직접 상대방이 아니지만 학설과 판례가 원고적격을 인정한 대표적인 경우를 검토한다.

---

참고

**국세기본법상 원고적격의 확대**

**국세기본법 제55조(불복)** ② 이 법 또는 세법에 따른 처분에 의하여 권리나 이익을 침해당하게 될 이해관계인으로서 다음 각 호의 어느 하나에 해당하는 자는 위법 또는 부당한 처분을 받은 자의 처분에 대하여 이 장의 규정에 따라 그 처분의 취소 또는 변경을 청구하거나 그 밖에 필요한 처분을 청구할 수 있다.

1. 제2차 납세의무자로서 납부통지서를 받은 자
2. 제42조에 따라 물적납세 의무를 지는 자로서 납부통지서를 받은 자
3. 보증인
4. 그 밖에 대통령령으로 정하는 자

## (1) 경쟁자소송(경업자소송)

### 1) 의의

경쟁자소송이란 서로 경쟁관계에 있는 자들 사이에서 특정인에게 주어지는 수익적 행위가 제3자에게는 법률상 불이익을 초래하는 경우에 그 제3자가 자기의 법률상 이익의 침해를 이유로 경쟁자에게 발령된 처분을 다투는 소송을 말한다(예: 갑이 여객자동차운송사업면허를 받아 영업을 하고 있는 지역에 을에게도 동일한 여객자동차운송사업면허를 발령하여, 갑이 을에게 발령된 여객자동차운송사업면허처분을 다투는 소송).

### 2) 구체적 판단

일반적 견해와 판례는 원칙적으로 행정청의 처분(앞의 예에서 을에게 발령된 처분)으로 침익적 효과를 받는 자(기존업자인 갑)가 영업을 하기 위해 받았던 처분(여객자동차운송사업면허)이 학문상 특허처분(특정인에게 특정한 권리를 설정하는 행위)인 경우와 허가처분(경찰목적으로 금지하였던 바를 해제하여 개인의 자유권을 회복시켜주는 행위)인 경우를 나누어 판단한다. 즉 특허인 경우(예: 여객자동차운송사업면허, 선박운송사업면허, 광업허가) 그 영업으로 인한 이익은 법률상 이익이지만, 허가인 경우(예: 숙박업허가, 석탄가공업허가, 공중목욕장업허가) 영업으로 인한 이익은 법률상 이익이 아니라고 본다. 그 이유는 특허의 경우 근거법규의 취지가 수특허자의 경영상 이익을 보호하기 위한 것인 반면, 허가의 경우 근거법규의 취지가 수허가자의 경영상 이익을 보호하기 위한 것이 아니기 때문이다.

### 3) 판례

#### a. 긍정한 경우

① 담배소매업 영업자 간에 거리제한을 두고 있는 경우, 기존업자가 신규 담배소매인지정처분을 다툴 수 있는지 여부(적극)(대법원 2008. 3. 27. 2007두23811),**★★★** ② 기존 업체 시설이 과다한 경우 분뇨등 수집·운반업에 대한 추가 허가를 제한할 수 있음을 규정하는 경우에 기존업자가 신규업자에 대한 분뇨등 관련 영업허가를 다툴 수 있는지 여부(적극)(대법원 2006. 7. 28. 2004두6716),**★★** ③ 기존업자가 신규업자의 선박운항사업 면허처분을 다투는 경우의 법률상 이익(적극)(대법원 1969. 12. 30. 69누106),**★★★** ④ 다른 운송사업자가 운행하고 있는 기존 시외버스를 시내버스로 전환을 허용하는 사업계획변경인가

처분에 대하여 기존 시내버스업자는 취소를 구할 법률상의 이익(적극)(대법원 1987. 9. 22. 85누985).★★★

### b. 부정한 경우

① 숙박업구조변경허가처분을 받은 건물의 인근에서 다른 여관을 경영하는 자들에게 그 처분의 무효확인 또는 취소를 구할 법률상 이익이 있는지 여부(소극)(대법원 1990. 8. 14. 89누7900),★★★ ② 석탄가공업에 관한 허가를 받은 기존 허가업자들이 다른 자들에 대한 신규허가를 다툴 법률상 이익이 있는지 여부(소극)(대법원 1980. 7. 22. 80누33),★★ ③ 기존 목욕장업허가처분을 받은 자가 신규 목욕장업허가처분에 대하여 그 취소를 소구할 수 있는 법률상 이익이 있는지 여부(소극)(대법원 1963. 8. 31. 63누101),★★ ④ 한의사들이 한약조제시험을 통하여 한약조제권을 인정받은 약사들에 대한 합격처분의 무효확인을 구할 법률상 이익이 있는지 여부(소극)(대법원 1998. 3. 10. 97누4289).★★★

## (2) 경원자소송

### 1) 의의

경원자소송이란 일방에 대한 면허나 인·허가 등의 행정처분이 타방에 대한 불면허·불인가·불허가 등으로 귀결될 수밖에 없는 경우에 불허가 등으로 인한 자기의 법률상의 이익을 침해당한 자가 타인의 면허 등을 다투는 소송을 말한다(예: 해당 지역은 1개의 가스충전소사업만 허가할 수 있는데 갑과 을이 허가를 신청하여 갑은 허가처분을, 을은 불허가처분을 받은 경우, 을이 갑에게 발령된 허가처분을 다투는 소송).

### 2) 구체적 판단

일반적 견해와 판례는 근거법규 등에서 경원자관계를 예정하고 있다면 그 법령은 허가 등의 처분을 받지 못한 자의 이익을 보호하는 것으로 본다(대법원 2009. 12. 10. 2009두8359).★★

## (3) 이웃소송(인인소송)

### 1) 의의

이웃소송은 이웃하는 자들 사이에서 특정인에게 주어지는 수익적 행위가 타인에게는 법률상 불이익을 초래하는 경우에 그 타인이 자기의 법률상 이익의 침해를 이유로 이웃에게 발령된 처분을 다투는 소송을 말한다(예: 갑이 연탄공장건축허가를 받자 이웃하는 을이 갑에게 발령된 연탄공장건축허가처분을 다투는 소송).

### 2) 구체적 판단

근거법규 등이 이웃에 대한 행정청의 의무와 사익보호성을 규정하고 있는지에 따라 원고적격을 판단한다.

💎 **쟁점** 이웃소송에 대한 판례 정리

**[판례1] 청주시 연탄공장사건**

주거지역안에서는 도시계획법 19조 1항과 개정전 건축법 32조 1항에 의하여 공익상 부득이하다고 인정될 경우를 제외하고는 거주의 안녕과 건전한 생활환경의 보호를 해치는 모든 건축이 금지되고 있을 뿐 아니라 주거지역내에 거주하는 사람이 받는 위와 같은 보호이익은 법률에 의하여 보호되는 이익이라고 할 것이므로 주거지역내에 위 법조 소정 제한면적을 초과한 연탄공장 건축허가처분으로 불이익을 받고 있는 제3거주자는 비록 당해 행정처분의 상대자가 아니라 하더라도 그 행정처분으로 말미암아 위와 같은 법률에 의하여 보호되는 이익을 침해받고 있다면 당해행정 처분의 취소를 소구하여 그 당부의 판단을 받을 법률상의 자격이 있다(대법원 1975. 5. 13. 73누96).★★★

**[판례2] 영광원자력발전소사건**

원자력법 제12조 제2호의 취지는 원자로 등 건설사업이 방사성물질 및 그에 의하여 오염된 물질에 의한 인체·물체·공공의 재해를 발생시키지 아니하는 방법으로 시행되도록 함으로써 방사성물질 등에 의한 생명·건강상의 위해를 받지 아니할 이익을 일반적 공익으로서 보호하려는 데 그치는 것이 아니라 방사성물질에 의하여 보다 직접적이고 중대한 피해를 입으리라고 예상되는 지역 내의 주민들의 위와 같은 이익을 직접적·구체적 이익으로서도 보호하려는 데에 있다 할 것이므로, 위와 같은 지역 내의 주민들에게는 방사성물질 등에 의한 생명·신체의 안전침해를 이유로 부지사전승인처분의 취소를 구할 원고적격이 있다(대법원 1998. 9. 4. 97누19588).★★

**[판례3] 새만금사건**

환경영향평가 대상지역 안의 주민들이 전과 비교하여 수인한도를 넘는 환경침해를 받지 아니하고 쾌적한 환경에서 생활할 수 있는 개별적 이익까지도 이를 보호하려는 데에 있다고 할 것이므로, 위 주민들이 공유수면매립면허처분등과 관련하여 갖고 있는 위와 같은 환경상의 이익은 주민 개개인에 대하여 개별적으로 보호되는 직접적·구체적 이익으로서 그들에 대하여는 특단의 사정이 없는 한 환경상의 이익에 대한 침해 또는 침해우려가 있는 것으로 사실상 추정되어 공유수면매립면허처분등의 무효확인을 구할 원고적격이 인정된다. 한편, 환경영향평가 대상지역 밖의 주민이라 할지라도 공유수면매립면허처분등으로 인하여 그 처분 전과 비교하여 수인한도를 넘는 환경피해를 받거나 받을 우려가 있는 경우에는, 공유수면매립면허처분등으로 인하여 환경상 이익에 대한 침해 또는 침해우려가 있다는 것을 입증함으로써 그 처분등의 무효확인을 구할 원고적격을 인정받을 수 있다(대법원(전원) 2006. 3. 16. 2006두330).★★★

**[판례4] 새만금사건의 법리의 확대**

행정처분의 근거 법규 또는 관련 법규에 그 처분으로써 이루어지는 행위 등 사업으로 인하여 환경상 침해를 받으리라고 예상되는 영향권의 범위가 구체적으로 규정되어 있는 경우에는, 그 영향권 내의 주민들에 대하여는 당해 처분으로 인하여 직접적이고 중대한 환경피해를 입으리라고 예상할 수 있고, 이와 같은 환경상의 이익은 주민 개개인에 대하여 개별적으로 보호되는 직접적·구체적 이익으로서 그들에 대하여는 특단의 사정이 없는 한 환경상 이익에 대한 침해 또는 침해 우려가 있는 것으로 사실상 추정되어 법률상 보호되는 이익으로 인정됨으로써 원고적격이 인정되며, 그 영향권 밖의 주민들은 당해 처분으로 인하여 그 처분 전과 비교하여 수인한도를 넘는 환경피해를 받거나 받을 우려가 있다는 자신의 환경상 이익에 대한 침해 또는 침해 우려가 있음을 증명하여야만 법률상 보호되는 이익으로 인정되어 원고적격이 인정된다(대법원 2006. 12. 22. 2006두14001).★★

**[판례5] 광업권설정허가처분 취소소송에서 토지나 건축물의 소유자나 점유자 또는 이해관계인 및 주민들의 원고적격(적극)**

광업권설정허가처분의 근거 법규 또는 관련 법규의 취지는 광업권설정허가처분과 그에 따른 광산 개발과 관련된 후속 절차로 인하여 직접적이고 중대한 재산상·환경상 피해가 예상되는 토지나 건축물의 소유자나 점유자 또는 이해관계인 및 주민들이 전과 비교하여 수인한도를 넘는 재산상·환경상 침해를 받지 아니한 채 토지나 건축물 등을 보유하며 쾌적하게 생활할 수 있는 개별적 이익까지도 보호하려는 데 있으므로, 광업권설정허가처분과 그에 따른 광산 개발로 인하여 재산상·환경상 이익의 침해를 받거나 받을 우려가 있는 토지나 건축물의 소유자와 점유자 또는 이해관계인 및 주민들은 그 처분 전과 비교하여 수인한도를 넘는 재산상·환경상 이익의 침해를 받거나 받을 우려가 있다는 것을 증명함으로써 그 처분의 취소를 구할 원고적격을 인정받을 수 있다(대법원 2008. 9. 11. 2006두7577).★★

**[판례6] 제주도풍력발전소개발승인사건(환경상 이익에 대한 침해(침해 우려)가 있는 것으로 사실상 추정되는 자의 범위)**

환경상 침해를 받으리라고 예상되는 영향권의 범위가 구체적으로 규정되어 있는 경우에는, 그 영향권 내의 주민들에 대하여는… 특단의 사정이 없는 한 환경상 이익에 대한 침해 또는 침해 우려가 있는 것으로 사실상 추정되어 법률상 보호되는 이익으로 인정됨으로써 원고적격이 인정된다고 할 것이며 … 환경상 이익에 대한 침해 또는 침해 우려가 있는 것으로 사실상 추정되어 원고적격이 인정되는 자는 환경상 침해를 받으리라고 예상되는 영향권 내의 주민들을 비롯하여 그 영향권 내에서 농작물을 경작하는 등 현실적으로 환경상 이익을 향유하는 자도 포함된다고 할 것이나, 단지 그 영향권 내의 건물·토지를 소유하거나 환경상 이익을 일시적으로 향유하는 데 그치는 자는 포함되지 않는다고 할 것이다(대법원 2009. 9. 24. 2009두2825).★★★

**[판례7] 물금취수장사건(적극)**

공장설립승인처분과 그 후속절차에 따라 공장이 설립되어 가동됨으로써 그 배출수 등으로 인한 수질오염 등으로 직접적이고도 중대한 환경상 피해를 입을 것으로 예상되는 주민들이 환경상 침해를 받지 아니한 채 물을 마시거나 용수를 이용하며 쾌적하고 안전하게 생활할 수 있는 개별적 이익까지도 구체적·직접적으로 보호하려는 데 있다고 할 것이다. 따라서 수돗물을 공급받아 이를 마시거나 이용하는 주민들로서는 위 근거 법규 및 관련 법규가 환경상 이익의 침해를 받지 않은 채 깨끗한 수돗물을 마시거나 이용할 수 있는 자신들의 생활환경상의 개별적 이익을 직접적·구체적으로 보호하고 있음을 증명하여 원고적격을 인정받을 수 있다(대법원 2010. 4. 15. 2007두16127).★★★

[판례8] 헌법상 환경권을 근거로 한 원고적격 인정 여부(소극)

헌법 제35조 제1항에서 정하고 있는 환경권에 관한 규정만으로는 그 권리의 주체·대상·내용·행사방법 등이 구체적으로 정립되어 있다고 볼 수 없고, 환경정책기본법 제6조도 그 규정 내용 등에 비추어 국민에게 구체적인 권리를 부여한 것으로 볼 수 없다는 이유로, 환경영향평가 대상지역 밖에 거주하는 주민에게 헌법상의 환경권 또는 환경정책기본법에 근거하여 공유수면매립면허처분과 농지개량사업 시행인가처분의 무효확인을 구할 원고적격이 없다(대법원(전원) 2006. 3. 16. 2006두330).★★

[판례9] 마을 일대가 절대보전지역으로 유지됨으로서 누리는 주민들의 이익이 법률상 이익인지 여부(소극)

구 제주특별자치도 설치 및 국제자유도시 조성을 위한 특별법(2009. 10. 9. 법률 제9795호로 개정되기 전의 것) 및 구 제주특별자치도 보전지역 관리에 관한 조례(2010. 1. 6. 조례 제597호로 개정되기 전의 것)에 따라 절대보전지역으로 지정되어 보호되는 대상은 인근 주민의 주거 및 생활환경 등이 아니라 제주의 지하수, 생태계, 경관 그 자체인 점, 위 조례 제3조 제1항은 절대보전지역의 지정 및 변경에는 주민들의 의견을 듣도록 하고 있으나 보전지역을 축소하는 경우에는 예외로 한다고 규정함으로써 그 절차에서도 절대보전지역 지정으로 인하여 환경상 혜택을 받는 주민들이 아니라 권리의 제한을 받게 되는 주민들을 주된 보호의 대상으로 하고 있는 점 등에 비추어 보면, 이 사건 처분 대상인 서귀포시 강정동 해안변 지역 105,295㎡가 절대보전지역으로 유지됨으로써 원고들이 가지는 주거 및 생활환경상 이익은 그 지역의 경관 등이 보호됨으로써 반사적으로 누리는 것일 뿐 근거 법규 또는 관련 법규에 의하여 보호되는 개별적 직접적·구체적 이익이라고 할 수 없다 … 원고들이 주장하는 헌법상의 생존권, 행복추구권, 환경권만으로는 그 권리의 주체·대상·내용·행사방법 등이 구체적으로 정립되어 있다고 볼 수 없으므로 이에 근거하여 이 사건 처분을 다툴 원고 적격이 있다고 할 수도 없다(대법원 2012. 7. 5. 2011두13187, 13194).★★★

[판례10] 환경부장관이 생태·자연도 1등급으로 지정되었던 지역을 2등급 또는 3등급으로 변경하는 내용의 생태·자연도 수정·보완을 고시하자, 인근 주민 갑이 생태·자연도 등급변경처분의 무효 확인을 청구한 사안에서, 갑은 무효 확인을 구할 원고적격(소극)

생태·자연도의 작성 및 등급변경의 근거가 되는 구 자연환경보전법(2011. 7. 28. 법률 제10977호로 개정되기 전의 것) 제34조 제1항 및 그 시행령 제27조 제1항, 제2항에 의하면, 생태·자연도는 토지이용 및 개발계획의 수립이나 시행에 활용하여 자연환경을 체계적으로 보전·관리하기 위한 것일 뿐, 1등급 권역의 인근 주민들이 가지는 생활상 이익을 직접적이고 구체적으로 보호하기 위한 것이 아님이 명백하고, 1등급 권역의 인근 주민들이 가지는 이익은 환경보호라는 공공의 이익이 달성됨에 따라 반사적으로 얻게 되는 이익에 불과하므로, 인근 주민에 불과한 갑은 생태·자연도 등급권역을 1등급에서 일부는 2등급으로, 일부는 3등급으로 변경한 결정의 무효 확인을 구할 원고적격이 없다(대법원 2014. 2. 21. 2011두29052).★★

[판례11] 재단법인 갑 수녀원이, 매립목적을 택지조성에서 조선시설용지로 변경하는 내용의 공유수면매립목적 변경 승인처분으로 인하여 법률상 보호되는 환경상 이익을 침해받았다면서 행정청을 상대로 처분의 무효 확인을 구하는 소송을 제기한 사안에서, 갑 수녀원이 처분의 무효확인을 구할 원고적격(소극)

공유수면매립목적 변경 승인처분으로 갑 수녀원에 소속된 수녀 등이 쾌적한 환경에서 생활할 수 있는 환경상 이익을 침해받는다고 하더라도 이를 가리켜 곧바로 갑 수녀원의 법률상 이익이 침해된다고 볼 수 없고, 자연인이 아닌 갑 수녀원은 쾌적한 환경에서 생활할 수 있는 이익을 향수할 수 있는 주체가 아니므로 위 처분으로 위와 같은 생활상의 이익이 직접적으로 침해되는 관계에 있다고 볼 수도 없으며, 위 처분으로 환경에 영향을 주어 갑 수녀원이 운영하는 쨈 공장에 직접적이고 구체적인 재산적 피해가 발생한다거나 갑 수녀원이 폐쇄되고 이전해야 하는 등의 피해를 받거나 받을 우려가 있다는 점 등에 관한 증명도 부족하다는 이유로, 갑 수녀원에 처분의 무효 확인을 구할 원고적격이 없다(대법원 2012. 6. 28. 2010두2005).★★

💎 **쟁점** 원고적격에 대한 중요 판례 정리

### 1. 긍정한 판결

[판례1] 정보공개거부처분을 받은 청구인이 그 거부처분의 취소를 구할 법률상의 이익이 있는지 여부(적극)

국민의 정보공개청구권은 법률상 보호되는 구체적인 권리이므로, 공공기관에 대하여 정보의 공개를 청구하였다가 공개거부처분을 받은 청구인은 행정소송을 통하여 그 공개거부처분의 취소를 구할 법률상의 이익이 있다(대법원 2003. 3. 11. 2001두6425).★★★

[판례2] 엘.피.지.자동차충전소 인근에 거주하는 주민이 행정청의 엘.피.지.자동차충전소설치허가처분의 취소를 구할 원고적격이 있는지 여부(적극)

피고는 1982.3.30자로 피고보조참가인 유재동에게 대구 남구 봉덕동 983의 2에 엘.피.지(L.P.G)자동차충전소 설치허가를 하였던바, 원고들은 위 설치장소에 인접하여 거주하는 주민들로서 피고의 위 설치허가처분이 고압가스안전관리법 및 같은법시행령에 규정된 공공의 안전을 위한 설치허가 기준에 미달할 뿐 아니라 환경보전법이 요구하는 환경오염으로 인한 위해의 방지의무를 저버린 위법한 처분이며 이로 인하여 원고들의 법률상 이익이 침해되었다고 주장하여 위 처분이 있음을 안 1982.7.5부터 1월 이내에 소원을 제기한 후 그해 8.16 이 사건 행정소송을 제기하였음이 명백하다(대법원 1983. 7. 12. 83누59).★★★

[판례3] 미얀마 국적의 갑이 위명인 '을' 명의의 여권으로 대한민국에 입국한 뒤 을 명의로 난민 신청을 하였으나 법무부장관이 을 명의를 사용한 갑을 직접 면담하여 조사한 후 갑에 대하여 난민불인정 처분을 한 사안에서, 갑이 처분의 취소를 구할 법률상 이익(적극)

미얀마 적의 갑이 위명인 '을' 명의의 여권으로 대한민국에 입국한 뒤 을 명의로 난민 신청을 하였으나 법무부장관이 을 명의를 사용한 갑을 직접 면담하여 조사한 후 갑에 대하여 난민불인정 처분을 한 사안에서, 처분의 상대방은 허무인이 아니라 '을'이라는 위명을 사용한 갑이라는 이유로, 갑이 처분의 취소를 구할 법률상 이익이 있다(대법원 2017. 3. 9. 2013두16852).★

**[판례4] 인가·허가 등 수익적 행정처분을 신청한 여러 사람이 서로 경원관계에 있는 경우, 허가 등 처분을 받지 못한 사람이 자신에 대한 거부처분의 취소를 구할 원고적격과 소의 이익이 있는지 여부(원칙적 적극)**

인가·허가 등 수익적 행정처분을 신청한 여러 사람이 서로 경원관계에 있어서 한 사람에 대한 허가 등 처분이 다른 사람에 대한 불허가 등으로 귀결될 수밖에 없을 때 허가 등 처분을 받지 못한 사람은 신청에 대한 거부처분의 직접 상대방으로서 원칙적으로 자신에 대한 거부처분의 취소를 구할 원고적격이 있다(대법원 2015.10.29. 2013두27517).★★★

**[판례5] 다른 공동상속인의 상속세에 대한 연대납부의무를 지는 상속인은 다른 공동상속인에 대한 과세처분 자체의 취소를 구할 원고 적격이 인정되는지 여부(적극)**

공동상속인들 중 1인의 연대납부의무에 대한 별도의 확정절차가 없을 뿐만 아니라 그 징수처분에 대한 쟁송단계에서도 다른 공동상속인들에 대한 과세처분 자체의 위법을 다툴 수 없는 점에 비추어 보면, 다른 공동상속인들의 상속세에 대한 연대납부의무를 지는 상속인의 경우에는 다른 공동상속인들에 대한 과세처분 자체의 취소를 구함에 있어서 법률상 직접적이고 구체적인 이익을 가진다고 할 것이므로 그 취소를 구할 원고 적격을 인정함이 상당하다(대법원 2001. 11. 27. 98두9530).★★★

## 2. 부정한 판결

**[판례1] 점용허가를 받음이 없이 도로부지를 점유하여 온 자에 대하여 제3자에 대한 같은 도로부지의 점용허가 처분의 취소를 구할 원고적격(소극)**

도로부지 위에 점용허가를 받음이 없이 무허가건물을 축조, 점유하여 온 원고가 행정청이 제3자에 대하여 한 같은 도로부지의 점용허가처분으로 인하여 어떠한 불이익을 입게 되었다고 하더라도 처분의 직접상대방이 아닌 제3자인 원고로서는 위 처분의 취소에 관하여 법률상으로 보호받아야 할 직접적이고 구체적인 이해관계가 있다고 할 수 없어 위 처분의 취소를 구할 원고적격이 없다(대법원 1991. 11. 26. 91누1219).★★★

**[판례2] 법인의 주주가 당해 법인에 대한 행정처분의 취소를 구할 원고적격(원칙적 소극)**

법인의 주주는 법인에 대한 행정처분에 관하여 사실상이나 간접적인 이해관계를 가질 뿐이어서 스스로 그 처분의 취소를 구할 원고적격이 없는 것이 원칙이라고 할 것이지만, 그 처분으로 인하여 법인이 더 이상 영업 전부를 행할 수 없게 되고, 영업에 대한 인·허가의 취소 등을 거쳐 해산·청산되는 절차 또한 처분 당시 이미 예정되어 있으며, 그 후속절차가 취소되더라도 그 처분의 효력이 유지되는 한 당해 법인이 종전에 행하던 영업을 다시 행할 수 없는 예외적인 경우에는 주주도 그 처분에 관하여 직접적이고 구체적인 법률상 이해관계를 가진다고 보아 그 효력을 다툴 원고적격이 있다(대법원 2005. 1. 27. 2002두5313).★★★

**[판례3] 행정심판의 피청구인인 행정심판위원회의 인용재결을 다툴 원고적격이 있는지 여부(소극)**

행정심판법 제37조 제1항(현행 제49조 제1항)은 '재결은 피청구인인 행정청과 그 밖의 관계행정청을 기속한다'고 규정하였고, 이에 따라 처분행정청은 재결에 기속되어 재결의 취지에 따른 처분의무를 부담하게 되므로 이에 불복하여 행정소송을 제기할 수 없다(대법원 1998. 5. 8. 97누15432).★★★

**[판례4] 국세체납처분을 원인으로 한 압류등기 이후의 압류부동산 매수자에게 위 압류처분의 취소를 구할 원고적격이 있는지 여부(소극)**

국세체납처분을 원인으로 한 압류등기 이후에 압류부동산을 매수한 자는 위 압류처분에 대하여 사실상이며 간접적인 이해관계를 가진 데 불과하여 위 압류처분의 취소나 무효확인을 구할 원고적격이 없다(대법원 1985. 2. 8. 82누524).★★

**[판례5] 구 문화재보호법상의 도지정문화재 지정처분으로 인하여 침해될 수 있는 특정 개인의 명예 내지 명예감정이 그 지정처분의 취소를 구할 법률상의 이익에 해당하는지 여부(소극)**

구 문화재보호법(1995. 12. 29. 법률 제5073호로 개정되기 전의 것) 제55조 제1항, 제5항, 구 경상남도문화재보호조례(1999. 10. 11. 개정되기 전의 것) 제11조 제1항에 의하여 행하여지는 도지사의 도지정문화재 지정처분은, 문화재를 보존하여 이를 활용함으로써 국민의 문화적 향상을 도모함과 아울러 인류문화의 발전에 기여할 목적에서(같은 법 제1조), 도지사가 그 관할구역 안에 있는 문화재로서 국가지정문화재로 지정되지 아니한 문화재 중 보존가치가 있다고 인정되는 것을 도지정문화재로 지정하는 행위이므로, 그 입법목적이나 취지는 지역주민이나 국민 일반의 문화재 향유에 대한 이익을 공익으로서 보호함에 있는 것이지, 특정 개인의 문화재 향유에 대한 이익을 직접적·구체적으로 보호함에 있는 것으로 해석되지 아니하고, 달리 같은 법과 같은 조례에서 위 지정처분으로 침해될 수 있는 특정 개인의 명예 내지 명예감정을 보호하는 것을 목적으로 하여 그 지정처분에 제약을 가하는 규정을 두고 있지도 아니하므로, 설령 위 지정처분으로 인하여 어느 개인이나 그 선조의 명예 내지 명예감정이 손상되었다고 하더라도, 그러한 명예 내지 명예감정은 위 지정처분의 근거 법규에 의하여 직접적·구체적으로 보호되는 이익이라고 할 수 없으므로 그 처분의 취소를 구할 법률상의 이익에 해당하지 아니한다(대법원 2001. 9. 28. 99두8565).★★

**[판례6] 과세권자의 원천징수의무자에 대한 납세고지에 대하여 원천납세의무자가 항고소송을 제기할 원고적격이 있는지 여부(소극)**

원천징수에 있어서 원천납세의무자는 과세권자가 직접 그에게 원천세액을 부과한 경우가 아닌 한 과세권자의 원천징수의무자에 대한 납세고지로 인하여 자기의 원천세납세의무의 존부나 범위에 아무런 영향을 받지 아니하므로 이에 대하여 항고소송을 제기할 수 없다(대법원 1994. 9. 9. 93누22234).★★★

**[판례7] 국립대학 교수에게 타인을 같은 학과 부교수로 임용한 처분의 취소를 구할 법률상 이익이 있는지 여부(소극)**

국립대학 교수에게는 타인을 같은 학과 부교수로 임용한 처분의 취소를 구할 법률상 이익

이 없다(대법원 1995. 12. 12. 95누11856).★

> [판례8] 체납압류처분된 부동산의 매수인이나 가압류권자가 그 압류처분의 취소를 구할 당
> 사자적격이 있는지 여부(소극)
>
> 과세관청이 조세의 징수를 위하여 납세의무자 소유의 부동산을 압류한 경우, <u>그 부동산의
> 매수인이나 가압류권자는 그 압류처분에 대하여 사실상이고 간접적인 이해관계를 가질 뿐
> 법률상 직접적이고 구체적인 이익을 가지는 것은 아니어서 그 압류처분의 취소를 구할 당사
> 자적격이 없다</u>(대법원 1997. 2. 14. 96누3241).★★★

## Ⅲ. 권리보호필요성(협의의 소의 이익)

### 1. 의의, 근거, 적용범위

㈎ 권리보호필요성(＝협의의 소익)이란 원고의 재판청구에 대하여 법원이 판단을 행할 구체적 실익 내지 필요성을 말한다. 그리고 권리보호필요성은 사실심변론종결시는 물론 상고심에서도 존속해야 하며 상고심계속 중 협의의 소익이 없게 되면 부적법 각하된다(대법원 1995. 11. 21. 94누11293).★★★

㈏ 권리보호필요성은 ★법률에 명시적인 소송요건으로 규정되어 있지는 않다. 그러나 일반적으로 신의성실의 원칙(법률관계의 당사자는 상대방의 이익을 배려하여 형평에 어긋나거나 신뢰를 저버리는 내용 또는 방법으로 권리를 행사하거나 의무를 이행해서는 안 된다는 원칙)을 소송법에도 적용하여 이를 인정한다.

㈐ 민중소송이나 기관소송과 같은 객관적 소송은 주관적인 권리보호가 목적이 아니라, 행정작용의 적법성을 보장받기 위해 제기하는 소송이므로 일반적으로 권리보호필요성이 문제되지 않는다.★

### 2. 권리보호필요의 일반 원칙(일반적으로 권리보호필요성이 부정되는 경우)

취소소송에서 대상적격과 원고적격이 인정된다면 협의의 소익은 일반적으로는 긍정된다. 그러나 아래의 경우는 원칙적으로 권리보호필요성이 부정된다.

### (1) 보다 간이한 방법이 있는 경우

원고가 추구하는 목적을 취소소송이 아니라 보다 간이한 방법으로 달성할 수 있는 경우는 권리보호필요성이 부정된다. 예를 들어 관계법령에서 권리구제를 위한 특별규정이 있음에도 바로 행정소송을 제기하는 경우, 간단한 행정절차로 목적을 달성할 수 있음에도 소송을 제기하는 경우를 말한다.

**쟁점** 권리보호필요성에 대한 중요 판례 정리 ( I )

**[판례1] 건축허가가 건축법 소정의 이격거리를 두지 아니하고 건축물을 건축하도록 되어 있어 위법하다 하더라도 이미 건축공사가 완료되었다면 인접한 대지의 소유자로서는 위 건축허가처분의 취소를 구할 소의 이익(소극)**

건축허가가 건축법 소정의 이격거리를 두지 아니하고 건축물을 건축하도록 되어 있어 위법하다 하더라도 그 건축허가에 기하여 건축공사가 완료되었다면 그 건축허가를 받은 대지와 접한 대지의 소유자인 원고가 위 건축허가처분의 취소를 받아 이격거리를 확보할 단계는 지났으며 민사소송으로 위 건축물 등의 철거를 구하는 데 있어서도 위 처분의 취소가 필요한 것이 아니므로 원고로서는 위 처분의 취소를 구할 법률상의 이익이 없다(대법원 1992. 4. 24. 91누11131).★★

**[판례2] 강학상의 '인가'에 속하는 행정처분에 있어서 기본행위의 효력을 다투면서 그 행정처분의 취소를 구하는 경우 소의 이익 유무(소극)**

강학상의 '인가'에 속하는 행정처분에 있어서 인가처분 자체에 하자가 있다고 다투는 것이 아니라 기본행위에 하자가 있다 하여 그 기본행위의 효력에 관하여 다투는 경우에는 민사쟁송으로서 따로 그 기본행위의 취소 또는 무효확인 등을 구하는 것은 별론으로 하고 기본행위의 불성립 또는 무효를 내세워 바로 그에 대한 감독청의 인가처분의 취소를 구하는 것은 특단의 사정이 없는 한 소구할 법률상의 이익이 있다고 할 수 없다(대법원 1995. 12. 12. 95누7338).★★

**[판례3] 사업의 양도행위가 무효라고 주장하는 양도자가 양도·양수행위의 무효를 구함이 없이 사업양도·양수에 따른 허가관청의 지위승계 신고수리처분의 무효확인을 구할 법률상 이익이 있는지 여부(적극)**

사업의 양도행위가 무효라고 주장하는 양도자는 민사쟁송으로 양도·양수행위의 무효를 구함이 없이 막바로 허가관청을 상대로 하여 행정소송으로 위 신고수리처분의 무효확인을 구할 법률상 이익이 있다(대법원 2005. 12. 23. 2005두3554).★

**[판례4] 구 주택법상 입주자나 입주예정자가 사용검사처분의 무효확인 또는 취소를 구할 법률상 이익이 있는지 여부(소극)**

입주자나 입주예정자들은 사용검사처분의 무효확인을 받거나 처분을 취소하지 않고도 민사소송 등을 통하여 분양계약에 따른 법률관계 및 하자 등을 주장·증명함으로써 사업주체 등으로부터 하자의 제거·보완 등에 관한 권리구제를 받을 수 있으므로, 사용검사처분의 무효확인 또는 취소 여부에 의하여 법률적인 지위가 달라진다고 할 수 없으며, … 입주자나 입주예정자는 사용검사처분의 무효확인 또는 취소를 구할 법률상 이익이 없다(대법원 2015. 1. 29. 2013두24976).★

## (2) 원고가 추구하는 권리보호가 오로지 이론상으로만 의미 있는 경우(소송이 원고의 법적 지위에 도움이 되지 않는 경우)

### 1) 일반적인 경우

원고가 추구하는 권리보호가 오로지 이론상으로만 의미 있는 경우에는 권리보호필요성이 부정된다. 예를 들어 국가시험에 불합격처분을 받고 다음해 동일한 국가시험에 합격한 후 종전의 불합격처분의 취소를 구하는 소송을 제기하는 경우, 광업권취소처분 취소소송 계속 중 기존의 광업권의 존속기간이 만료된 경우, 건축물에 대한 철거가 집행된 이후 철거명령을 다투는 소송을 제기하는 경우 등을 말한다.

---

### ◈ 쟁점 권리보호필요성에 대한 중요 판례 정리(II)

**[판례1] 사법시험 제1차 시험 불합격 처분 이후에 새로이 실시된 사법시험 제1차 시험에 합격하였을 경우, 그 불합격 처분의 취소를 구할 법률상 이익이 있는지 여부(소극)**

사법시험령 제5조, 제6조, 제8조의 각 규정을 종합하여 보면, 사법시험 제1차 시험에 합격하였다고 할지라도 그것은 합격자가 사법시험령 제6조, 제8조 제1항의 각 규정에 의하여 당회의 제2차 시험과 차회의 제2차 시험에 응시할 자격을 부여받을 수 있는 전제요건이 되는데 불과한 것이고, 그 자체만으로 합격한 자의 법률상의 지위가 달라지게 되는 것이 아니므로, 제1차 시험 불합격 처분 이후에 새로이 실시된 사법시험 제1차 시험에 합격하였을 경우에는 더 이상 위 불합격 처분의 취소를 구할 법률상 이익이 없다(대법원 1996. 2. 23. 95누2685).★★★

**[판례2] 행정대집행이 실행완료된 경우 대집행계고처분의 취소를 구할 법률상 이익이 있는지 여부(소극)**

대집행계고처분 취소소송의 변론종결 전에 대집행영장에 의한 통지절차를 거쳐 사실행위로서 대집행의 실행이 완료된 경우에는 행위가 위법한 것이라는 이유로 손해배상이나 원상회복 등을 청구하는 것은 별론으로 하고 처분의 취소를 구할 법률상 이익은 없다(대법원 1993. 6. 8. 93누6164).★★★

**[판례3] 현역병입영대상자로 병역처분을 받은 자가 그 취소소송중 모병에 응하여 현역병으로 자진 입대한 경우, 소의 이익이 여부(소극)**

현역병입영대상자로 병역처분을 받은 자가 그 취소소송중 모병에 응하여 현역병으로 자진 입대한 경우, 그 처분의 위법을 다툴 실제적 효용 내지 이익이 없다는 이유로 소의 이익이 없다(대법원 1998. 9. 8. 98두9165).★★★

> ✦[구별 판례] 현역입영대상자가 입영한 후에 현역병입영통지처분의 취소를 구할 소송상의 이익이 있는지 여부(적극)
> 현역입영대상자로서는 현실적으로 입영을 하였다고 하더라도, 입영 이후의 법률관계에 영

향을 미치고 있는 현역병입영통지처분 등을 한 관할지방병무청장을 상대로 위법을 주장하여 그 취소를 구할 소송상의 이익이 있다(대법원 2003. 12. 26. 2003두1875). ★★★

**[판례4] 상등병에서 병장으로의 진급요건을 갖춘 자에 대하여 그 진급처분을 행하지 아니한 상태에서 예비역으로 편입하는 처분을 한 경우, 진급처분부작위위법을 이유로 예비역편입처분취소를 구할 소의 이익이 있는지 여부(소극)**

상등병에서 병장으로의 진급요건을 갖춘 자에 대하여 그 진급처분을 행하지 아니한 상태에서 예비역으로 편입하는 처분을 한 경우라도 예비역편입처분은 병역법시행령 제27조 제3항에 따라 헌법상 부담하고 있는 국방의 의무의 정도를 현역에서 예비역으로 변경하는 것으로 병의 진급처분과 그 요건을 달리하는 별개의 처분으로서 그 자에게 유리한 것임이 분명하므로 예비역편입처분에 앞서 진급권자가 진급처분을 행하지 아니한 위법이 있었다 하더라도 예비역편입처분으로 인하여 어떠한 권리나 법률상 보호되는 이익이 침해당하였다고 볼 수 없다(대법원 2000. 5. 16. 99두7111 판결). ★

**[판례5] 처분 후의 사정에 의하여 권리와 이익의 침해 등이 해소된 경우, 그 처분의 취소를 구할 소의 이익이 있는지 여부(소극)**

공익근무요원 소집해제신청을 거부한 후에 원고가 계속하여 공익근무요원으로 복무함에 따라 복무기간 만료를 이유로 소집해제처분을 한 경우, 원고가 입게 되는 권리와 이익의 침해는 소집해제처분으로 해소되었으므로 위 거부처분의 취소를 구할 소의 이익이 없다(대법원 2005. 5. 13. 2004두4369). ★★

**[판례6] 사업체가 폐업된 경우 근로자의 부당노동행위 구제신청의 적부(소극)**

질병근로자들이 노동조합을 결성하고 원고를 조합장으로 선출하여 단체교섭을 요구하자 병원경영자가 노동조합을 혐오하여 위 병원을 폐업하고 원고를 비롯한 노동자를 모두 해고한 것이고 위장폐업이 아니라면, 그 사업체를 폐업함으로써 원고가 복귀할 사업체가 없어진 이상 원고의 부당노동행위 구제신청은 실익이 없게 되었다(대법원 1990. 2. 27. 89누6501). ★

**[판례7] 갑 도지사가 도에서 설치·운영하는 을 지방의료원을 폐업하겠다는 결정을 발표하고 그에 따라 폐업을 위한 일련의 조치가 이루어진 후 을 지방의료원을 해산한다는 내용의 조례를 공포하고 을 지방의료원의 청산절차가 마쳐진 사안에서, 갑 도지사의 폐업결정은 항고소송의 대상에 해당하지만 취소를 구할 소의 이익(소극)**

이 사건 폐업결정 후 진주의료원을 해산한다는 내용의 이 사건 조례가 제정·시행되었고, 이 사건 조례가 무효라고 볼 사정도 없으므로, 진주의료원을 폐업 전의 상태로 되돌리는 원상회복은 불가능하다고 판단된다. 따라서 법원이 피고 경상남도지사의 이 사건 폐업결정을 취소하더라도 그것은 단지 이 사건 폐업결정이 위법함을 확인하는 의미밖에 없고, 그것만으로는 원고들이 희망하는 진주의료원 재개원이라는 목적을 달성할 수 없으며, 뒤에서 살펴보는 바와 같이 원고들의 국가배상청구도 이유 없다고 판단되므로, 결국 원고들에게 이 사건 폐업결정의 취소로 회복할 수 있는 다른 권리나 이익이 남아있다고 보기도 어렵다. 따라서 피고 경상남도지사의 이 사건 폐업결정은 법적으로 권한 없는 자에 의하여 이루어진 것으로서 위법하다고 하더라도, 그 취소를 구할 소의 이익을 인정하기는 어렵다(대법원 2016. 8. 30.

2015두60617).★★

[판례8] 수형자의 영치품에 대한 사용신청 불허처분 후 수형자가 다른 교도소로 이송되었다 하더라도 수형자의 권리와 이익의 침해 등이 해소되지 않은 점 등에 비추어, 위 영치품 사용신청 불허처분의 취소를 구할 이익이 있다고 본 사례(적극)

원고의 긴 팔 티셔츠 2개에 대한 사용신청 불허처분 이후 이루어진 원고의 다른 교도소로의 이송이라는 사정에 의하여 원고의 권리와 이익의 침해 등이 해소되지 아니한 점, 원고의 형기가 만료되기까지는 아직 상당한 기간이 남아 있을 뿐만 아니라, 진주교도소가 전국 교정시설의 결핵 및 정신질환 수형자들을 수용·관리하는 의료교도소인 사정을 감안할 때 원고의 진주교도소로의 재이송 가능성이 소멸하였다고 단정하기 어려운 점 등을 종합하면, 원고로서는 이 사건 처분의 취소를 구할 이익이 있다고 봄이 상당하다(대법원 2008. 2. 14. 2007두13203).★

[판례9] 채석불허가처분의 취소를 구하는 임야 임차인이 소송 도중 임야의 사용·수익권을 잃어 허가요건이 불비된 경우, 그 소의 이익(적극)

임야 임차인이 행정청의 채석불허가처분 후 사용·수익권을 잃었다고 하더라도 임야 임차인으로서는 다시 이를 취득하여 보완할 수도 있는 것이므로, 임야 임차인이 소송 도중에 사용·수익권을 잃었다는 것만으로 위법한 채석불허가처분의 취소를 구할 소의 이익이 없게 되는 것은 아니다(대법원 1996. 10. 29. 96누9621).★

## 2) 특수한 경우 — 처분의 효력이 소멸된 경우

### a. 원칙

예를 들어 기간이 정해진 처분(예: 1월의 영업정지처분)은 그 기간이 경과한 후에는 처분의 효력이 소멸되기 때문에 일반적으로 해당 처분의 취소를 구할 권리보호필요성은 없다.

◈ 쟁점 권리보호필요성에 대한 중요 판례 정리(Ⅲ)

[판례1] 직권취소되어 더 이상 존재하지 않는 행정처분을 대상으로 한 취소소송이 소의 이익이 있는지 여부(소극)

행정청이 당초의 분뇨 등 관련영업 허가신청 반려처분의 취소를 구하는 소의 계속중, 사정변경을 이유로 위 반려처분을 직권취소함과 동시에 위 신청을 재반려하는 내용의 재처분을 한 경우, 당초의 반려처분의 취소를 구하는 소는 더 이상 소의 이익이 없게 되었다(대법원 2006. 9. 28. 2004두5317).★★★

**[판례2]** 원자력법 제11조 제3항 소정의 부지사전승인에 터잡은 건설허가처분이 있는 경우, 선행의 부지사전승인처분의 취소를 구할 소의 이익 유무(소극)

원자로 및 관계 시설의 부지사전승인처분은 그 자체로서 건설부지를 확정하고 사전공사를 허용하는 법률효과를 지닌 독립한 행정처분이기는 하지만, 건설허가 전에 신청자의 편의를 위하여 미리 그 건설허가의 일부 요건을 심사하여 행하는 사전적 부분 건설허가처분의 성격을 갖고 있는 것이어서 나중에 건설허가처분이 있게 되면 그 건설허가처분에 흡수되어 독립된 존재가치를 상실함으로써 그 건설허가처분만이 쟁송의 대상이 되는 것이므로, 부지사전승인처분의 취소를 구하는 소는 소의 이익을 잃게 되고, 따라서 부지사전승인처분의 위법성은 나중에 내려진 건설허가처분의 취소를 구하는 소송에서 이를 다투면 된다(대법원 1998. 9. 4. 97누19588).★★

**[판례3]** 공정거래위원회가 부당한 공동행위를 한 사업자에게 과징금 부과처분(선행처분)을 한 뒤, 다시 자진신고 등을 이유로 과징금 감면처분(후행처분)을 한 경우, 선행처분의 취소를 구하는 소가 적법한지 여부(소극)

공정거래위원회가 부당한 공동행위를 행한 사업자로서 구 독점규제 및 공정거래에 관한 법률(2013. 7. 16. 법률 제11937호로 개정되기 전의 것, 이하 '공정거래법'이라 한다) 제22조의2에서 정한 자진신고자나 조사협조자에 대하여 과징금 부과처분(이하 '선행처분'이라 한다)을 한 뒤, 공정거래법 시행령 제35조 제3항에 따라 다시 그 자진신고자 등에 대한 사건을 분리하여 자진신고 등을 이유로 한 과징금 감면처분(이하 '후행처분'이라 한다)을 하였다면, 후행처분은 자진신고 감면까지 포함하여 그 처분 상대방이 실제로 납부하여야 할 최종적인 과징금액을 결정하는 종국적 처분이고, 선행처분은 이러한 종국적 처분을 예정하고 있는 일종의 잠정적 처분으로서 후행처분이 있을 경우 선행처분은 후행처분에 흡수되어 소멸한다고 봄이 타당하다. 따라서 위와 같은 경우에 선행처분의 취소를 구하는 소는 이미 효력을 잃은 처분의 취소를 구하는 것으로 부적법하다(대법원 2015.2.12. 2013두987).★★

**[판례4]** 행정청이 공무원에 대하여 새로운 직위해제사유에 기한 직위해제처분을 한 경우, 그 이전 처분의 취소를 구할 소의 이익이 있는지 여부(소극)

행정청이 공무원에 대하여 새로운 직위해제사유에 기한 직위해제처분을 한 경우 그 이전에 한 직위해제처분은 이를 묵시적으로 철회하였다고 봄이 상당하므로, 그 이전 처분의 취소를 구하는 부분은 존재하지 않는 행정처분을 대상으로 한 것으로서 그 소의 이익이 없어 부적법하다(대법원 2003. 10. 10. 2003두5945).★

## b. 예외

㈎ 행정소송법 제12조 제2문은 "처분등의 효과가 기간의 경과, 처분등의 집행 그 밖의 사유로 인하여 소멸된 뒤에도 그 처분등의 취소로 인하여 회복되는 법률상 이익이 있는 경우에는 소의 이익이 있다"고 규정하여 '회복되는 법률상 이익'이 있는 경우 권리보호필요성을 인정한다(다수설은 행정소송법 제12조 제2문을 권리보호필요성에 관한 규정으로 보

지만, 이를 원고적격 조항으로 보는 견해도 있다).

(ㄴ) 그리고 판례는 행정소송법 제12조 제2문의 회복되는 법률상 이익과 제1문의 법률상 이익을 구별하지 않고, 간접적·사실적·경제적 이해관계나 명예·신용 등의 인격적 이익을 가지는 데 불과한 경우는 법률상 이익에 해당하지 않는다고 본다(대법원(전원) 1995. 10. 17. 94누14148).★★★ 다만, 그 법률상 이익은 부수적인 법률상 이익도 포함된다(예를 들어 감봉의 징계처분을 받은 공무원이 나중에 퇴직한 후 해당 감봉처분을 다투는 경우 받지 못한 봉급을 수령할 수 있는 이익(대법원 1977. 7. 12. 74누147)).★★

---

◆ **쟁점** 권리보호필요성에 대한 중요 판례 정리 (Ⅳ)

**[판례1]** 환경영향평가대행업무 정지처분을 받은 환경영향평가대행업자가 업무정지처분기간 중 환경영향평가대행계약을 신규로 체결하고 그 대행업무를 한 사안에서, 업무정지처분기간 경과 후에도 '환경·교통·재해 등에 관한 영향평가법 시행규칙'의 규정에 따른 후행처분을 받지 않기 위하여 위 업무정지처분의 취소를 구할 법률상 이익이 있는지 여부(적극)

'환경·교통·재해 등에 관한 영향평가법 시행규칙' 제10조 [별표 2] 2. 개별기준 (11)에서 환경영향평가대행업자가 업무정지처분기간 중 신규계약에 의하여 환경영향평가대행업무를 한 경우 1차 위반시 업무정지 6월을, 2차 위반시 등록취소를 각 명하는 것으로 규정하고 있으므로, 업무정지처분기간 경과 후에도 위 시행규칙의 규정에 따른 후행처분을 받지 않기 위하여 위 업무정지처분의 취소를 구할 법률상 이익이 있다(대법원(전원) 2006. 6. 22. 2003두1684).★★★

**[판례2]** 가중 제재처분규정이 있는 의료법에 의한 의사면허자격정지처분에서 정한 자격정지기간이 지난 후 의사면허자격정지처분의 취소를 구할 소의 이익이 있는지 여부(적극)

의료법 제53조 제1항은 보건복지부장관으로 하여금 일정한 요건에 해당하는 경우 의료인의 면허자격을 정지시킬 수 있도록 하는 근거 규정을 두고 있고, 한편 같은 법 제52조 제1항 제3호는 보건복지부장관은 의료인이 3회 이상 자격정지처분을 받은 때에는 그 면허를 취소할 수 있다고 규정하고 있는바, 이와 같이 의료법에서 의료인에 대한 제재적인 행정처분으로서 면허자격정지처분과 면허취소처분이라는 2단계 조치를 규정하면서 전자의 제재처분을 보다 무거운 후자의 제재처분의 기준요건으로 규정하고 있는 이상 자격정지처분을 받은 의사로서는 면허자격정지처분에서 정한 기간이 도과되었다 하더라도 그 처분을 그대로 방치하여 둠으로써 장래 의사면허취소라는 가중된 제재처분을 받게 될 우려가 있는 것이어서 의사로서의 업무를 행할 수 있는 법률상 지위에 대한 위험이나 불안을 제거하기 위하여 면허자격정지처분의 취소를 구할 이익이 있다(대법원 2005. 3. 25. 2004두14106).★★

**[판례3]** 대학입학고사 불합격처분의 취소를 구하는 소송계속중 당해연도의 입학시기가 지나고 입학정원에 못들어가게 된 경우 소의 이익 유무(적극)

교육법시행령 제72조, 서울대학교학칙 제37조 제1항 소정의 학생의 입학시기에 관한 규정이나 대학학생정원령 제2조 소정의 입학정원에 관한 규정은 학사운영 등 교육행정을 원활

하게 수행하기 위한 행정상의 필요에 의하여 정해놓은 것으로서 어느 학년도의 합격자는 반드시 당해 년도에만 입학하여야 한다고 볼 수 없으므로 원고들이 불합격처분의 취소를 구하는 이 사건 소송계속 중 당해년도의 입학시기가 지났더라도 당해 년도의 합격자로 인정되면 다음년도의 입학시기에 입학할 수도 있다고 할 것이고, 피고의 위법한 처분이 있게 됨에 따라 당연히 합격하였어야 할 원고들이 불합격처리되고 불합격되었어야 할 자들이 합격한 결과가 되었다면 원고들은 입학정원에 들어가는 자들이라고 하지 않을 수 없다고 할 것이므로 원고로서는 피고의 불합격처분의 적법여부를 다툴만한 법률상의 이익이 있다고 할 것이다(대법원 1990. 8. 28. 89누8255).★★

**[판례4] 지방의회 의원에 대한 제명의결 취소소송 계속중 의원의 임기가 만료된 사안에서, 제명의결의 취소를 구할 법률상 이익이 있는지 여부(적극)**

지방의회 의원에게 지급되는 비용 중 적어도 월정수당(제3호)은 지방의회 의원의 직무활동에 대한 대가로 지급되는 보수의 일종으로 봄이 상당하다. 따라서 원고가 이 사건 제명의결 취소소송 계속 중 임기가 만료되어 제명의결의 취소로 지방의회 의원으로서의 지위를 회복할 수는 없다 할지라도, 그 취소로 인하여 최소한 제명의결시부터 임기만료일까지의 기간에 대해 월정수당의 지급을 구할 수 있는 등 여전히 그 제명의결의 취소를 구할 법률상 이익은 남아 있다(대법원 2009. 1. 30. 2007두13487).★★★

**[판례5] 지방공무원인 원고가 파면처분이 있은 후에 금고 이상의 형을 선고받아 당연퇴직된 경우에도 위 파면처분의 취소를 구할 이익이 있는지 여부(적극)**

파면처분취소소송의 사실심변론종결전에 동원고가 허위공문서등작성 죄로 징역 8월에 2년간 집행유예의 형을 선고받아 확정되었다면 원고는 지방공무원법 제61조의 규정에 따라 위 판결이 확정된 날 당연퇴직되어 그 공무원의 신문을 상실하고, 당연퇴직이나 파면이 퇴직급여에 관한 불이익의 점에 있어 동일하다 하더라도 최소한도 이 사건 파면처분이 있은 때부터 위 법규정에 의한 당연퇴직일자까지의 기간에 있어서는 파면처분의 취소를 구하여 그로 인해 박탈당한 이익의 회복을 구할 소의 이익이 있다 할 것이다(대법원 1985. 6. 25. 85누39).★★

**[판례6] 고등학교에서 퇴학처분을 당한 후 고등학교졸업학력검정고시에 합격한 경우, 퇴학처분의 취소를 구할 소의 이익 유무(적극)**

고등학교졸업이 대학입학자격이나 학력인정으로서의 의미밖에 없다고 할 수 없으므로 고등학교졸업학력검정고시에 합격하였다 하여 고등학교 학생으로서의 신분과 명예가 회복될 수 없는 것이니 퇴학처분을 받은 자로서는 퇴학처분의 위법을 주장하여 그 취소를 구할 소송상의 이익이 있다(대법원 1992. 7. 14. 91누4737).★★★

### (3) 소권남용의 금지에 반하는 경우

소권을 남용한 경우에는 권리보호필요성이 부정된다. 예를 들어 원고의 소송이 오로지 행정청에게 압력을 행사하거나 불편을 끼치려는 것을 목적으로 하는 경우를 말하다.

## Ⅳ. 피고적격

### 1. 원칙 ― 처분청

(가) 다른 법률에 특별한 규정이 없는 한 취소소송에서는 그 처분등을 행한 행정청이 피고가 된다(행정소송법 제13조 제1항 본문). 재결취소소송의 경우는 위원회가 피고가 된다. 논리적으로 보면 피고는 처분등의 효과가 귀속하는 권리주체인 국가나 지방자치단체가 되어야 하지만, 행정소송법은 소송수행의 편의를 위해 행정청을 피고로 규정하고 있다(당사자소송은 권리주체를 피고로 한다. 행정소송법 제39조 참조).

(나) '처분등을 행한 행정청'이란 원칙적으로 소송의 대상인 처분등을 외부에 자신의 명의로 행한 행정청을 의미한다. 합의제기관(예: 방송위원회, 공정거래위원회) 외에 법원이나 국회의 기관도 실질적 의미의 행정적인 처분을 하는 범위에서 행정청에 속한다(예: 법원장의 법원공무원에 대한 징계처분을 다투는 경우 법원장, 지방의회의 지방의회의원에 대한 징계나 지방의회의장에 대한 불신임의결을 다투는 경우 지방의회).

### 2. 특수한 경우

#### (1) 행정청의 권한이 승계된 경우

처분등이 있은 뒤에 그 처분등에 관계되는 권한이 다른 행정청에 승계된 때에는 이를 승계한 행정청이 피고가 된다(행정소송법 제13조 제1항 단서).

#### (2) 행정청이 없게 된 경우

행정청이 없게 된 때에는 그 처분등에 관한 사무가 귀속되는 국가 또는 공공단체가 피고가 된다(행정소송법 제13조 제2항).

#### (3) 행정청의 권한이 대리된 경우

행정권한의 대리(행정권한의 대리란 행정관청(피대리관청)이 자신의 권한을 다른 행정관청(대리관청)으로 하여금 행사하게 하고, 대리관청은 자신의 이름으로 권한을 행사하되 그 효과는 피대리관청에 귀속하게 하는 것을 말한다)가 있는 경우 대리행위의 효과는 피대리관청에게 귀속된다. 따라서 항고소송의 피고는 피대리관청이 된다.

---

판례

**대리권을 수여받은 행정청이 대리관계를 밝힘이 없이 자신의 명의로 행정처분을 한 경우, 그 행정처분에 대한 항고소송의 피고적격**

대리권을 수여받은 데 불과하여 그 자신의 명의로는 행정처분을 할 권한이 없는 행정청의 경우 대리관계를 밝힘이 없이 그 자신의 명의로 행정처분을 하였다면 <u>그에 대하여는 처분명</u>

의자인 당해 행정청이 항고소송의 피고가 되어야 하는 것이 원칙이지만, 비록 대리관계를 명
시적으로 밝히지는 아니하였다 하더라도 처분명의자가 피대리 행정청 산하의 행정기관으로
서 실제로 피대리 행정청으로부터 대리권한을 수여받아 피대리 행정청을 대리한다는 의사로
행정처분을 하였고 처분명의자는 물론 그 상대방도 그 행정처분이 피대리 행정청을 대리하
여 한 것임을 알고서 이를 받아들인 예외적인 경우에는 피대리 행정청이 피고가 되어야 한다
(대법원 2006. 2. 23. 2005부4).★

### (4) 행정청의 권한이 위임 · 위탁된 경우

행정청의 권한이 법령에 의해 위임 또는 위탁된 경우(행정권한의 위임 · 위탁이란 행정
관청이 자기에게 주어진 권한을 스스로 행사하지 않고 법령에 근거하여 타자(수임청(상하관계에 있는
자) · 수탁청(대등관계에 있는 자))에게 사무처리 권한의 일부를 실질적으로 이전하여 수임청(수탁청)
의 이름과 권한과 책임으로 사무를 처리하게 하는 것을 말한다) 그 위임 · 위탁을 받은 행정기관
이나 공공단체 및 기관 또는 사인이 피고가 된다(행정소송법 제2조 제2항).

> **참고**
>
> **행정권한의 위임에 관한 법령 규정**
>
> **국세징수법**
> 제61조 ⑤ 세무서장은 압류한 재산의 공매에 전문 지식이 필요하거나 그 밖에 특수한 사정이 있
> 어 직접 공매하기에 적당하지 아니하다고 인정할 때에는 대통령령으로 정하는 바에 따라 한국자산
> 관리공사로 하여금 공매를 대행하게 할 수 있으며 이 경우의 공매는 세무서장이 한 것으로 본다.
> **세무사법 시행령**
> 제34조의2(위임 및 위탁) ② 법 제20조의3 제2항에 따라 기획재정부장관의 업무 중 세무사 자격시
> 험의 시행에 관한 별표 4의 업무는 「한국산업인력공단법」에 따른 한국산업인력공단의 이사장에
> 게 위탁한다.

### (5) 행정청의 권한이 내부위임된 경우

내부위임(권한의 내부위임이란 행정조직 내부에서 수임자가 위임자의 명의와 책임으로 위임자
의 권한을 사실상 행사하는 것을 말한다)은 행정권한의 위임 · 위탁과는 달리 위임자 명의로
권한이 행사되기 때문에 위임 행정관청이 피고가 된다.★★ 내부위임임에도 수임 행정관
청이 위법하게 자신의 명의로 처분을 발령하였다면 피고는 명의자인 수임 행정관청이
된다.★★★ 만일 정당한 권한자를 피고로 해야 한다면 무권한자가 위법한 처분을 발령한
후 정당한 권한자를 찾아야 하는 부담을 원고인 사인에게 지우는 결과가 되기 때문이다.

### (6) 처분적 조례

처분적 조례에 대한 항고소송의 피고는 지방자치단체의 내부적 의결기관으로서 지

방자치단체의 의사를 외부에 표시한 권한이 없는 지방의회가 아니라, 지방자치단체의 집행기관으로서 조례로서의 효력을 발생시키는 공포권이 있는 지방자치단체의 장이 된다(대법원 1996. 9. 20. 95누8003).★★★ 다만, <u>교육에 관한 조례 무효확인소송에 있어서 피고 적격은 교육감이 된다</u>(대법원 1996. 9. 20. 95누8003).★★★

#### (7) 의장의 선거행위 및 의장에 대한 불신임의결

<u>의장의 선거행위 및 의장에 대한 불신임의결도 항고소송의 대상인 처분이다.</u>★★★ 따라서 이를 지방의회 의장이 다투는 피고는 <u>지방의회가 된다</u>(대법원 1995. 1. 12. 94누2602; 대법원 1994. 10. 11. 94두23).★★

#### (8) 처분권한자와 통지(통보)한 자가 다른 경우

처분권한자 아닌 자가 단순히 통지만 한 경우, <u>피고는 처분권자이다</u>(대법원 2014. 9. 26. 2013두2518).★

#### (9) 법률에 특별히 규정된 경우★★★

국가공무원법 제16조 제2항은 공무원이 징계등 불리한 처분이나 부작위에 대해 행정소송을 제기할 때 대통령의 처분 또는 부작위의 경우에는 소속 장관이 피고가 되며, 중앙선거관리위원회위원장의 처분 또는 부작위의 경우에는 중앙선거관리위원회사무총장이 피고가 된다고 규정한다. 그리고 노동위원회법 제27조 제1항은 중앙노동위원회의 처분에 대한 소송은 중앙노동위원회위원"장"을 피고로 한다고 규정하고, 법원조직법 제70조는 대법원장이 한 처분에 대한 행정소송의 피고는 법원행정처장으로 한다고 규정한다.

### 3. 피고경정

#### (1) 의의

소송의 계속 중에 피고를 종전에 피고로 지정된 자와 동일성이 없는 다른 자로 변경하는 것을 말한다. 그리고 피고를 경정하는 경우 원고의 ⁺고의·과실을 요하지 않는다.

#### (2) 종류

##### 1) 피고를 잘못 지정한 경우

원고가 피고를 잘못 지정한 때에는 법원은 원고의 신청에 의하여 결정으로써 피고의 경정을 허가할 수 있다(행정소송법 제14조 제1항).

##### 2) 소의 변경의 경우

소의 변경이 있는 경우에도 피고의 경정은 인정된다(행정소송법 제21조 제4항)(예를 들어 취소소송을 당사자소송으로 변경하면 피고를 행정청에서 행정주체로 경정해야 한다).

### 3) 권한 행정청의 변경으로 인한 피고경정

취소소송이 제기된 후에 제13조 제1항 단서(처분등이 있은 뒤에 그 처분등에 관계되는 권한이 다른 행정청에 승계된 때에는 이를 승계한 행정청을 피고로 한다) 또는 **제13조 제2항에 해당하는 사유**(행정청이 없게 된 때에는 그 처분등에 관한 사무가 귀속되는 국가 또는 공공단체를 피고로 한다)가 생긴 때에는 법원은 당사자의 신청 또는 직권에 의하여 피고를 경정한다(행정소송법 제14조 제6항)(⁺피고경정사유이며 취소소송의 종료사유는 아니다).★★★

### (3) 절차 및 불복

⑺ 법원은 원고의 신청에 의하여 결정으로써 피고의 경정을 허가할 수 있다. 이 경우 법원은 결정의 정본을 새로운 피고에게 송달하여야 한다(행정소송법 제14조 제1항·제2항).

⑻ 법원이 피고경정 신청을 각하하는 결정을 하는 경우 즉시항고할 수 있다(행정소송법 제14조 제3항). 다만, 피고경정허가결정에 대해서는 신청인은 당연히 불복하지 못하며, 경정전 피고도 불복할 수 없다.

### (4) 시기

피고경정은 사실심변론종결시까지 가능하다(대법원 2006. 2. 23. 2005부4).★★★

### (5) 효과

피고경정허가가 있으면 새로운 피고에 대한 소송은 처음에 소를 제기한 때에 제기된 것으로 보며, 아울러 종전의 피고에 대한 소송은 취하된 것으로 본다(행정소송법 제14조 제4항·제5항). 이처럼 제소시점의 소급을 인정한 것은 제소기간 경과로 인한 당사자의 불이익을 배제하기 위한 것이다.

---

◆ **쟁점** **행정소송법상 당사자(제3자)의 신청에 의해서만 할 수 있는 행위**★★★

① 피고경정(행정소송법 제14조 제1항)
② 소 종류의 변경(행정소송법 제21조 제1항)
③ 처분변경으로 인한 소의 변경(행정소송법 제22조 제1항)
④ 행정심판기록제출명령(행정소송법 제25조 제1항)
⑤ 간접강제(행정소송법 제34조 제1항)

💎 **쟁점** 행정소송법상 당사자(제3자)의 신청 또는 직권으로 할 수 있는 행위★★★

① 관련청구소송의 이송(행정소송법 제10조 제1항)
② 권한 행정청의 변경으로 인한 피고경정(행정소송법 제14조 제6항)
③ 제3자의 소송참가(행정소송법 제16조)
④ 행정청의 소송참가(행정소송법 제17조)
⑤ 집행정지, 집행정지의 취소(행정소송법 제23조·제24조)
✦행정소송법에서 '직권'이라고만 되어 있는 규정은 행정소송법 제26조(직권심리) 뿐이다.


💎 **쟁점** 행정소송법상 법원의 결정에 즉시항고할 수 있는 경우★

① 피고경정 신청에 대한 각하결정(행정소송법 제14조 제3항)
② 제3자의 소송참가 신청에 대한 각하결정(행정소송법 제16조 제3항)
③ 소종류의 변경 신청에 대한 허가결정(행정소송법 제21조 제3항)
④ 집행정지 결정 또는 기각결정(행정소송법 제23조 제5항)
✦행정청의 소송참가 신청에 대한 각하결정은 즉시항고 규정 없음.


## V. 참가인

### 1. 소송참가의 개념

#### (1) 소송참가의 의의

참가인이란 소송에 참가하는 자를 말하는데, 소송참가란 타인 간의 소송 계속 중에 소송 외의 제3자가 타인의 소송의 결과에 따라 자기의 법률상 이익에 영향을 받게 되는 경우 자기의 이익을 위해 타인의 소송절차에 가입하는 것을 말한다. 이는 행정소송의 공정한 해결, 모든 이해관계자의 이익의 보호 및 충분한 소송자료의 확보를 위해 취소소송과 이해관계 있는 제3자나 다른 행정청을 소송에 참여시키는 제도이다. 그리고 소송참가는 상고심에서도 허용된다.

💎 **쟁점** 상고심에서도 허용되는 제도★★★

① 소송참가
② 집행정지
③ 사정판결

## (2) 소송참가의 종류

행정소송상 소송참가에는 ① 제3자의 소송참가(행정소송법 제16조)와 ② 행정청의 소송참가(행정소송법 제17조), ③ 민사소송법에 의한 제3자의 소송참가(행정소송법 제8조 제2항)가 있다.

## 2. 제3자의 소송참가

### (1) 의의

법원은 소송의 결과에 따라 권리 또는 이익의 침해를 받을 제3자가 있는 경우에는 당사자 또는 제3자의 신청 또는 직권에 의하여 결정으로써 그 제3자를 소송에 참가시킬 수 있다(행정소송법 제16조 제1항). 이를 제3자의 소송참가라고 한다. 이처럼 제3자의 소송참가가 인정되는 것은 취소판결의 효력(형성력)이 제3자에게도 미치기 때문이다(행정소송법 제29조 제1항). 이는 주로 복효적 행정행위에서 문제된다(예를 들어 경원자관계에 있는 갑과 을 중 을이 허가처분을 받아 갑이 을에 대한 허가처분취소소송을 제기한 경우 을이 자신의 허가권을 보호하기 위해 소송에 참가하는 것을 말한다. 주의할 것은 제3자효 있는 행정행위에서 '제3자'는 앞의 예에서 '갑'이지만, 행정소송법 제16조·제29조·제31조 등의 '제3자'는 허가처분을 받은 '을'이다).

### (2) 요건

#### 1) 타인 간에 소송이 계속 중일 것

소송참가의 성질상 당연히 타인 간의 취소소송이 계속되고 있어야 한다. 소송이 계속되는 한 ⁺심급을 가리지 않고 참가할 수 있다.

#### 2) 소송의 결과에 따라 권리 또는 이익의 침해를 받을 제3자일 것

(가) '소송의 결과'에 따라 권리 또는 이익의 침해를 받는다는 것은 취소판결의 주문에 의하여 직접 자기의 권리 또는 이익을 침해받는 것을 말하므로 그 취소판결의 효력, 즉 형성력에 의하여 직접 권리 또는 이익을 침해받는 경우를 말한다(앞의 예에서 갑이 취소판결을 받는다면 을에 대한 허가처분은 별도의 절차 없이 소멸된다).

(나) '권리 또는 이익'이란 단순한 경제상의 이익이 아니라 <u>법률상 이익을 의미한다</u>(대

법원 2000. 9. 8. 99다26924).★★

㈐ 권리 또는 이익의 '침해를 받을'이라는 것은 소송참가시 소송의 결과가 확정되지 않은 상태이므로 실제로 침해받았을 것을 요하는 것이 아니라 소송의 결과에 따라 침해될 개연성이 있는 것으로 족하다.

㈑ '제3자'란 해당 소송당사자 이외의 자를 말하는 것으로서 개인에 한하지 않고 국가 또는 공공단체도 포함되나, 행정청은 권리나 이익을 침해 받을 수 없어 행정소송법 제17조의 행정청의 소송참가규정에 의한 참가만이 가능하다(행정청은 권한만 가지며, 권리는 없다).

### 3) 원·피고 어느 쪽으로도 참가 가능

소송의 결과에 따라 권리 또는 이익을 침해받을 제3자인 한, ⁺원·피고 어느 쪽을 위해서도 참가할 수 있다. 이 점이 피고 행정청을 위한 참가만 가능한 행정소송법 제17조의 행정청의 소송참가와 다르다.

## (3) 절차

### 1) 신청 또는 직권

법원은 당사자 또는 제3자의 신청 또는 직권에 의하여 소송참가를 결정한다(행정소송법 제16조 제1항).

### 2) 의견청취

소송참가결정을 하고자 할 때에는 미리 당사자 및 제3자의 의견을 들어야 한다(행정소송법 제16조 제2항)(⁺의무규정).

### 3) 불복

참가신청이 각하된 경우 신청을 한 제3자는 즉시항고(법원의 결정에 불복)할 수 있다(행정소송법 제16조 제3항).

## (4) 소송참가인의 지위

㈎ 제3자를 소송에 참가시키는 결정이 있으면 그 제3자는 참가인의 지위를 취득한다. 이때 제3자는 행정소송법 제16조 제4항에 따라 민사소송법 제67조의 규정이 준용되어 피참가인과의 사이에 필수적 공동소송에서의 공동소송인에 준하는 지위에 서게 되나, 당사자적격이 없어 강학상 공동소송적 보조참가인(제3자임에도 판결의 효력을 받는 자에게 공동소송인에 준하는 소송수행권을 인정해 주는 제도를 말한다)의 지위에 있다고 보는 것이 통설이다(민사소송법 제78조 참조).

㈏ 그리고 소송참가인의 지위를 취득한 제3자는 실제 소송에 참가하여 소송행위를

하였는지 여부를 불문하고 판결의 효력(형성력, 기판력)을 받는다. 또한 참가인이 된 제3자는 판결확정 후 행정소송법 제31조의 재심의 소를 제기할 수 없다(행정소송법 제31조 참조).

> **민사소송법 관련 규정**
>
> **민사소송법**
> **제65조(공동소송의 요건)** 소송목적이 되는 권리나 의무가 여러 사람에게 공통되거나 사실상 또는 법률상 같은 원인으로 말미암아 생긴 경우에는 그 여러 사람이 공동소송인으로서 당사자가 될 수 있다. 소송목적이 되는 권리나 의무가 같은 종류의 것이고, 사실상 또는 법률상 같은 종류의 원인으로 말미암은 것인 경우에도 또한 같다.
> **제66조(통상공동소송인의 지위)** 공동소송인 가운데 한 사람의 소송행위 또는 이에 대한 상대방의 소송행위와 공동소송인 가운데 한 사람에 관한 사항은 다른 공동소송인에게 영향을 미치지 아니한다.
> **제67조(필수적 공동소송에 대한 특별규정)** ① 소송목적이 공동소송인 모두에게 합일적으로 확정되어야 할 공동소송의 경우에 공동소송인 가운데 한 사람의 소송행위는 모두의 이익을 위하여서만 효력을 가진다.
> **제78조(공동소송적 보조참가)** 재판의 효력이 참가인에게도 미치는 경우에는 그 참가인과 피참가인에 대하여 제67조 및 제69조를 준용한다.
> **제218조(기판력의 주관적 범위)** ① 확정판결은 당사자, 변론을 종결한 뒤의 승계인(변론 없이 한 판결의 경우에는 판결을 선고한 뒤의 승계인) 또는 그를 위하여 청구의 목적물을 소지한 사람에 대하여 효력이 미친다.

## 3. 행정청의 소송참가

### (1) 의의

행정소송법 제17조는 법원이 다른 행정청을 소송에 참가시킬 필요가 있다고 인정할 때에 신청 또는 직권으로 행정청을 소송에 참가시킬 수 있음을 규정하고 있다. 이를 인정하는 이유는 다른 행정청(관계행정청)도 취소판결이 확정되면 행정소송법 제30조 제1항에 따라 기속력을 받기 때문이다(기속력을 받는 행정청은 반복금지의무 등 판결내용을 준수하여야 할 의무를 부담한다. 자세한 내용은 후술하는 판결의 기속력 참조). 주로 처분청이 처분을함에 있어 다른 행정청의 동의나 협의 등을 필요로 하는 **협력을 요하는 행정행위**에서문제된다(예를 들어 소방서장의 건축허가에 대한 동의거부로 건축허가청이 건축허가를 거부하여 사인이 건축허가청을 상대로 취소소송을 제기한 경우 소방서장이 건축부동의의 정당성을 주장하기 위해 소송에 참가하는 것을 말한다).

## (2) 요건

### 1) 타인 간에 소송이 계속 중일 것

소송참가의 성질상 당연히 타인 간의 취소소송이 계속되고 있어야 한다. 소송이 계속되는 한 ⁺심급을 가리지 않고 참가할 수 있다(상고심에서도 가능).

### 2) 다른 행정청이 참가할 것

'다른 행정청'이란 행정소송법 제30조 제1항의 관계행정청을 의미한다고 봄이 다수설이다. '관계행정청'이란 소송의 대상이 된 처분과 관련되는 처분이나 부수되는 행위(예를 들어 동의나 협력)를 할 수 있는 행정청을 총칭하며, 대등한 행정청뿐만 아니라 감독청도 소송참가를 할 수 있다.

### 3) 법원이 참가시킬 필요가 있다고 인정할 것

'참가시킬 필요가 있다고 인정할 때'란 법원이 ⁺재량적으로 판단할 문제이나, 사건의 적정한 심리와 재판을 위해 필요한 경우를 말한다.

## (3) 절차

법원은 행정청의 신청 또는 직권에 의한 결정으로 참가 여부를 결정한다.

### 1) 신청 또는 직권

법원은 행정청의 신청 또는 직권에 의해 소송참가를 결정한다(행정소송법 제17조 제1항).

### 2) 의견청취

소송참가결정을 하고자 할 때에는 당사자 및 당해 행정청의 의견을 들어야 한다(행정소송법 제17조 제2항).

## (4) 소송참가인의 지위

㈎ 행정청을 소송에 참가시키는 법원의 결정이 있으면, 그 참가하는 행정청에 대하여는 민사소송법 제76조의 규정이 준용되므로, 참가행정청은 소송수행상 보조참가인(타인간의 소송임에도 소송의 결과에 이해관계 있는 제3자에게 일정한 소송행위를 할 수 있도록 인정하는 것을 말한다)(민사소송법 제71조 참조)에 준하는 지위에 있다(행정소송법 제17조 제3항).

㈏ 참가인은 보조참가인에 준하는 지위에 있기 때문에 참가적 효력(참가인이 피참가인에 대한 관계에서 판결 후 판결내용이 부당하다고 주장할 수 없는 구속력을 말한다)만 받게 되고 판결의 효력(형성력, 기판력)은 받지 않는다.

**민사소송법 관련 규정**

**민사소송법**

**제71조(보조참가)** 소송결과에 이해관계가 있는 제3자는 한 쪽 당사자를 돕기 위하여 법원에 계속중인 소송에 참가할 수 있다. 다만, 소송절차를 현저하게 지연시키는 경우에는 그러하지 아니하다.

**제76조(참가인의 소송행위)** ① 참가인은 소송에 관하여 공격·방어·이의·상소, 그 밖의 모든 소송행위를 할 수 있다. 다만, 참가할 때의 소송의 진행정도에 따라 할 수 없는 소송행위는 그러하지 아니하다.

② 참가인의 소송행위가 피참가인의 소송행위에 어긋나는 경우에는 그 참가인의 소송행위는 효력을 가지지 아니한다.

## 4. 민사소송법에 의한 제3자의 소송참가

제3자의 소송참가란 다른 사람의 소송에 제3자가 자신의 이익을 위해서 가입하는 것을 말한다.

### (1) 보조참가의 허용 여부

보조참가는 참가인 자신의 이름으로 판결을 구하는 것이 아니라 당사자의 일방을 보조하는 데 그치는 것이므로 민사소송법 제71조의 요건을 충족하는 한 행정소송에서도 허용되는 것으로 보는 것이 다수설이다. 참가인은 개인에 한하지 않고 국가 또는 공공단체도 포함되나, 행정청은 권리나 이익을 침해 받을 수 없어 행정소송법 제17조의 행정청의 소송참가규정에 의한 참가만이 가능하며, 민사소송법상 보조참가는 할 수 없다(행정청은 권한만 가지며, 권리는 없다).

### (2) 독립당사자참가의 허용 여부

독립당사자참가는 서로 이해관계가 대립하는 원고·피고·참가인 사이의 분쟁해결에 적합한 형태이기 때문에 개인의 권리구제와 적법성통제를 목적으로 하는 행정소송의 취지와 맞지 않아 행정소송에서는 인정되기 어렵다는 것이 다수설이다. 판례도 행정소송에 있어서는 행정청이나 그 소속기관 이외의 자를 피고로 삼을 수 없다고 하여 독립당사자참가에 대해 부정적이다(대법원 1970. 8. 31. 70누79).★★

### (3) 공동소송참가의 허용 여부

행정소송법 제16조의 참가 외에 민사소송법에 의한 공동소송참가를 인정할 필요가 있다는 긍정설이 다수설이다.

## ○ 제4항  기타 소송요건 등

### I. 재판관할

#### 1. 재판관할의 의의

재판관할이란 법원이 가진 재판권을 행사해야 할 장소적·직무적 범위를 구체적으로 정해 놓은 것을 말한다. 즉, 소송사건이나 법원의 종류가 다양하기 때문에 어떤 특정 사건을 어느 법원이 담당할 것인지를 정하기 위해 법원 상호간에 재판권의 범위를 정해야 하는데 그 범위를 정한 것이 관할이다.

#### 2. 행정사건의 행정법원 전속성

행정소송법에는 행정사건이 행정법원의 전속관할에 속함을 밝히는 규정은 없으나, 성질상 행정사건은 행정법원의 전속관할에 속하므로 행정법원 관할에 속하는 사건을 지방법원이나 가정법원이 행하는 것은 전속관할 위반이 된다. 그런데 현재 행정법원은 서울에만 설치되어 있으며, 지방은 지방법원 본원이 제1심 관할법원이 된다. 따라서 행정법원이 설치되지 않은 지역이어서 지방법원 본원이 행정법원의 역할까지 하는 지역에서, 지방법원 본원이 행정사건으로 취급해야 할 사건을 민사사건으로 접수하여 처리하였다고 하더라도 이는 단순 사무분담의 문제일 뿐 전속관할 위반이 아니다.

> **판례**
>
> **도시 및 주거환경정비법상의 주택재건축정비사업조합을 상대로 관리처분계획안에 대한 총회결의의 무효확인을 구하는 소를 민사소송으로 제기한 사안에서, 그 소는 행정소송법상 당사자소송에 해당하므로 행정법원의 전속관할에 속한다고 한 사례**
>
> 이 사건 소는 도시정비법상의 재건축조합인 피고를 상대로 관리처분계획안에 대한 총회결의의 무효확인을 구하는 소로서 관리처분계획에 대한 인가·고시 전인 2005. 3. 11. 제기되었음을 알 수 있으므로, 위에서 본 바와 같이 이는 행정소송법상의 당사자소송에 해당하고, 따라서 이 사건의 제1심 전속관할법원은 서울행정법원이라 할 것이다. 그럼에도 제1심과 원심은 이 사건 소가 서울중앙지방법원에 제기됨으로써 전속관할을 위반하였음을 간과한 채 본안판단으로 나아갔으니, 이러한 제1심과 원심의 판단에는 행정소송법상 당사자소송에 관한 법리를 오해하여 전속관할에 관한 규정을 위반한 위법이 있다(대법원(전원) 2009. 9. 17. 2007다2428). ★★

### 3. 토지관할

토지관할이란 소재지를 달리하는 여러 법원들 간의 재판권의 분담을 정해 놓은 것을 말한다. 그리고 행정소송법 제9조나 제40조에 항고소송이나 당사자소송의 토지관할에 관하여 이를 전속관할(공익적 사항이기 때문에 특정법원만이 재판을 할 수 있도록 인정된 관할↔임의관할(당사자간의 합의 또는 피고의 응소 등에 의하여 변경할 수 있는 성질의 관할))로 하는 명문의 규정이 없는 이상 이들 소송의 <u>토지관할을 전속관할이라 할 수 없다</u>(대법원 1994. 1. 25. 93누18655).★★★ 따라서 **당사자 간의 합의**(합의관할(당사자의 합의에 의해 정해지는 관할))나 **피고의 변론**(변론관할(관할권이 없는 법원에 제기된 소에 대하여 피고가 제1심법원에서 관할 위반의 항변을 제출하지 않고 본안에 관하여 변론을 하거나 변론준비기일에서 진술한 경우에 생기는 관할권이다(민사소송법 30조 참조)))**으로도** 다른 법원에 **관할권이 발생할 수 있으**므로 항소심에서 제1심법원의 관할위반을 주장할 수 없다.

### (1) 보통재판적

취소소송의 제1심 관할법원은 피고의 소재지를 관할하는 행정법원으로 한다. 그럼에도 불구하고 중앙행정기관, 중앙행정기관의 부속기관과 합의제행정기관 또는 그 장 또는 국가의 사무를 위임 또는 위탁받은 공공단체 또는 그 장이 피고로 취소소송을 제기하는 경우에는 대법원소재지를 관할하는 행정법원에 제기할 수 있다(행정소송법 제9조 제1항·제2항).

### (2) 특별재판적

토지의 수용 기타 부동산 또는 특정의 장소에 관계되는 처분등에 대한 취소소송은 그 부동산 또는 장소의 소재지를 관할하는 행정법원에 이를 제기할 수 있다(행정소송법 제9조 제3항).

### 4. 사물관할

행정사건은 원칙적으로 판사 3인으로 구성된 합의부에서 재판해야 하는 합의사건이다. 다만, 단독판사가 재판할 것으로 행정법원 합의부가 결정한 사건의 심판권은 단독판사가 가진다(법원조직법 제7조 제3항). 이는 쟁점이 간단한 사건에 대해 단독판사가 신속히 처리할 수 있는 길을 열어 둔 것이다.

## 5. 심급관할

행정소송법에서 정한 행정사건과 다른 법률에 의하여 행정법원의 권한에 속하는 사건은 행정법원(합의부·단독판사)이 1심으로 심판한다(법원조직법 제40조의4). 행정법원의 재판에 대하여는 고등법원에 항소할 수 있고(법원조직법 제28조), 고등법원의 재판에 대하여는 대법원에 상고할 수 있다(법원조직법 제14조).

> **특허청의 심결에 대한 취소소송(⁺2심제)**
>
> **특허법**
> 제186조(심결 등에 대한 소) ① 특허취소결정 또는 심결에 대한 소 및 특허취소신청서·심판청구서·재심청구서의 각하결정에 대한 소는 특허법원의 전속관할로 한다.
> ⑧ 제1항에 따른 특허법원의 판결에 대해서는 대법원에 상고할 수 있다.

## 6. 관할위반으로 인한 이송

행정소송에도 민사소송법 제34조 제1항이 준용되어 ⁺법원은 소송의 전부 또는 일부가 관할에 속하지 아니함을 인정한 때에는 결정으로 관할법원에 이송해야 한다(행정소송법 제8조 제2항)(관할은 소송요건으로 직권조사사항이므로 ⁺원고의 신청이 필요 없다). 그런데 위 조항은 원래 토지관할이나 사물관할 위반의 경우만을 상정한 것으로 지방법원에 제소해야 할 사건을 고등법원이나 대법원에 제소한 경우에는 적용되지 않는다는 견해가 있어 행정소송법은 이송의 범위를 넓혀주고 있다. 즉 행정소송법 제7조는 원고에게 고의나 중대한 과실이 없는 한 심급을 달리하는 법원에 행정소송이 잘못 제기된 경우에도 이송해야 함을 규정하고 있다.

> **[판례1] 행정사건을 민사사건으로 오해하여 민사소송을 제기한 경우, 수소법원이 취하여야 할 조치(관할법원으로의 이송)**
>
> 행정소송법 제7조는 원고의 고의 또는 중대한 과실 없이 행정소송이 심급을 달리하는 법원에 잘못 제기된 경우에 민사소송법 제31조 제1항을 적용하여 이를 관할 법원에 이송하도록 규정하고 있을 뿐 아니라, 관할 위반의 소를 부적법하다고 하여 각하하는 것보다 관할 법원에 이송하는 것이 당사자의 권리구제나 소송경제의 측면에서 바람직하므로, 원고가 고의 또는 중대한 과실 없이 행정소송으로 제기하여야 할 사건을 민사소송으로 잘못 제기한 경우, 수소법원으로서는 만약 그 행정소송에 대한 관할도 동시에 가지고 있다면 이를 행정소송으로 심리·판단하여야 하고, 그 행정소송에 대한 관할을 가지고 있지 아니하다면 당해 소송이

이미 행정소송으로서의 전심절차 및 제소기간을 도과하였거나 행정소송의 대상이 되는 처분 등이 존재하지도 아니한 상태에 있는 등 행정소송으로서의 소송요건을 결하고 있음이 명백하여 행정소송으로 제기되었더라도 어차피 부적법하게 되는 경우가 아닌 이상 이를 부적법한 소라고 하여 각하할 것이 아니라 관할 법원에 이송하여야 한다(대법원 1997. 5. 30. 95다28960).★★

[판례2] 행정 소송을 관할권 없는 법원에 제기한 결과 동 법원에서 관할권 있는 법원에 이송한 경우 소제기의 효력발생 시기

행정소송을 행정소송에 관한 관할권 없는 법원에 제기한 결과 동 법원에서 관할권 있는 법원에 기록이송한 경우 소제기의 효력발생시기는 관할권 있는 법원이 이송받은 때이다(대법원 1969. 3. 18. 64누51).★

💎 **쟁점** 선결문제

(가) 선결(先決)문제란 민사(당사자소송)·형사법원의 본안판단에서 행정행위의 효력 유무(존재 여부)나 위법 여부가 선결될 문제인 경우 그 '행정행위의 효력 유무(존재 여부)나 위법 여부'를 말한다.

(나) 선결문제는 민사사건(당사자소송사건)의 경우와 형사사건의 경우로 나눌 수 있고, 각각 행정행위의 효력 유무(존재 여부)가 선결문제로 되는 경우와 행정행위의 위법 여부가 선결문제로 되는 경우가 있다(행정사건 중 당사자소송사건도 문제될 수 있으나 대법원은 부당이득반환청구소송, 국가배상청구소송을 민사소송으로 보고 있는바 선결문제 해결에서는 민사소송으로 제기하는 경우와 당사자소송으로 제기하는 경우에 차이가 없다). 행정소송법 제11조 제1항(처분등의 효력 유무 또는 존재 여부가 민사소송의 선결문제로 되어 당해 민사소송의 수소법원이 이를 심리·판단하는 경우에는 제17조(행정청의 소송참가), 제25조(행정심판기록의 제출명령), 제26조(직권심리) 및 제33조(소송비용에 관한 재판의 효력)의 규정을 준용한다)은 선결문제의 일부(민사사건에서 효력 유무(존재 여부)가 문제되는 경우)에 관해서만 규정하고 있는바 나머지 사항은 학설과 판례에서 해결하여야 한다.★★★

[판례1] 민사법원(부당이득반환청구소송)이 처분의 효력유무를 판단할 수 있는지 여부(적극)

조세의 과오납이 부당이득이 되기 위하여는 납세 또는 조세의 징수가 실체법적으로나 절차법적으로 전혀 법률상의 근거가 없거나 과세처분의 하자가 중대하고 명백하여 당연무효이어야 하고, 과세처분의 하자가 단지 취소할 수 있는 정도에 불과할 때에는 과세관청이 이를 스스로 취소하거나 항고소송절차에 의하여 취소되지 않는 한 그로 인한 조세의 납부가 부당이득이 된

다고 할 수 없다(대법원 2001. 1. 16. 98다58511).★★★

[판례2] 민사법원(국가배상청구소송)이 처분의 위법여부를 판단할 수 있는지 여부(적극)

위법한 행정대집행이 완료되면 그 처분의 무효확인 또는 취소를 구할 소의 이익은 없다 하더라도, 미리 그 행정처분의 취소판결이 있어야만, 그 행정처분의 위법임을 이유로 한 손해배상 청구를 할 수 있는 것은 아니다(대법원 1972. 4. 28. 72다337).★

[참조조문]
민법
제741조(부당이득의 내용) 법률상 원인 없이 타인의 재산 또는 노무로 인하여 이익을 얻고 이로 인하여 타인에게 손해를 가한 자는 그 이익을 반환하여야 한다.
국가배상법
제2조(배상책임) ① 국가나 지방자치단체는 공무원 또는 공무를 위탁받은 사인(이하 "공무원"이라 한다)이 직무를 집행하면서 고의 또는 과실로 법령을 위반하여 타인에게 손해를 입히거나 … 이 법에 따라 그 손해를 배상하여야 한다.

## Ⅱ. 행정심판전치

### 1. 개념

#### (1) 의의

행정심판전치란 사인이 행정소송의 제기에 앞서서 행정청에 대해 먼저 행정심판을 제기하여 처분의 시정을 구하는 것을 말한다. 여기서 말하는 행정심판이란 행정심판법에 따른 행정심판 외에 특별법상 심판도 포함한다(예: 국세기본법상 심사청구·심판청구, 국가공무원법상 소청, 국민연금법상 심사청구).

#### (2) 법적 근거

행정심판전치의 법적 근거는 ✦헌법 제107조 제3항(재판의 전심절차로서 행정심판을 할 수 있다. 행정심판의 절차는 법률로 정하되, 사법절차가 준용되어야 한다)과 행정소송법 제18조가 있다.

#### (3) 성질

행정심판전치는 취소소송의 소송요건이므로 다른 소송요건과 마찬가지로 법원의 직권조사사항이다(대법원 1982. 12. 28. 82누7).★★ 그리고 행정심판전치는 소송요건이므로 필요적 심판전치의 경우 원칙상 취소소송 제기 당시 충족되어 있어야 한다(행정소송법 제18조 제1항 단서 참조). 그러나 판례는 행정소송의 제기 후에도 변론종결시까지 행정심판을 거친 경우에는 이 요건의 흠결은 사후에 치유된 것으로 본다(대법원 1987. 4. 28. 86누29).★★★ 결국 행정심판절차의 이행 여부에 대한 판단시점은 실질적으로 사실심변론종결시가 된다.

## 2. 임의적 행정심판전치원칙

취소소송은 처분에 대한 행정심판을 제기할 수 있는 경우에도 이를 거치지 아니하고 제기할 수 있다(행정소송법 제18조 제1항 본문). 즉, 행정심판은 임의적인 절차이다.

## 3. 예외

### (1) 내용

행정심판은 임의적인 절차임이 원칙이지만, 다른 법률에 당해 처분에 대한 행정심판의 재결을 거치지 아니하면 취소소송을 제기할 수 없다는 규정이 있는 때에는 반드시 행정심판의 재결을 거쳐야 한다(행정소송법 제18조 제1항 단서). 여기서 '다른 법률'이란 행정소송법 이외의 법률을 말한다(예: 공무원의 징계나 기타 불리한 처분·부작위에 관한 불복의 경우 특별행정심판인 소청에 관해 규정하는 국가공무원법 제16조, 국세기본법이나 세법에 따른 처분에 관해 불복하는 경우 특별행정심판인 심사청구·심판청구를 규정하는 국세기본법 제56조 제2항(다만, ⁺지방세법에 의한 처분은 임의적 심판전치), 운전면허 취소·정지와 같은 도로교통법상의 처분에 불복하는 도로교통법 제142조의 경우).★★★

### (2) 필요적 행정심판전치의 예외(완화)

행정심판의 전치가 필요적인 경우라 하여도 이를 강제하는 것이 국민의 권익을 침해하는 결과가 되는 경우 필요적 심판전치의 예외를 인정할 필요가 있다. 예외로 행정소송법 제18조 제2항·제3항은 ① 행정심판은 제기하되 재결을 거치지 아니하고 소송을 제기할 수 있는 경우와 ② 행정심판을 제기함이 없이 소송을 제기할 수 있는 경우를 규정하고 있다(⁺이 2가지 경우는 구별필요). 두 경우 모두 원고는 법원에 대하여 사유를 소명하여야 한다(행정소송법 제18조 제4항).

#### 1) 행정심판은 제기하되 재결을 거치지 아니하고 소송을 제기할 수 있는 경우

① 행정심판청구가 있은 날로부터 60일이 지나도 재결이 없는 때(이것은 재결의 부당한 지연으로부터 생기는 불이익을 방지하기 위한 것이다. 행정심판법 제45조 제1항 참조(재결은 제23조에 따라 피청구인 또는 위원회가 심판청구서를 받은 날부터 60일 이내에 하여야 한다)), ⁺② 처분의 집행 또는 절차의 속행으로 생길 중대한 손해를 예방하여야 할 긴급한 필요가 있는 때, ③ 법령의 규정에 의한 행정심판기관이 의결 또는 재결을 하지 못할 사유가 있는 때(예: 위원회의 위원 과반수 이상이 사퇴한 경우), ④ 그 밖의 정당한 사유가 있는 때에는 재

결을 거치지 않고 소송을 제기할 수 있다(행정소송법 제18조 제2항).

### 2) 행정심판을 제기함이 없이 소송을 제기할 수 있는 경우

① 동종사건에 관하여 이미 행정심판의 기각결정이 있은 때(동종사건에 관하여 이미 행정심판의 기각결정이 있었다면 재심사할 필요가 없기 때문에 절차중복을 방지하기 위한 것이다), ② 서로 내용상 관련되는 처분 또는 같은 목적을 위하여 단계적으로 진행되는 처분 중 어느 하나가 이미 행정심판의 재결을 거친 때(주로 단계적 절차에 있는 처분의 경우 분쟁사유에 공통성을 내포하고 있으므로 중복심사를 방지하기 위한 것이다), ③ 행정청이 사실심의 변론종결 후 소송의 대상인 처분을 변경하여 당해 변경된 처분에 관하여 소를 제기하는 때(이 경우 다시 행정심판을 전치하게 한다는 것은 당사자에게 가혹하기 때문이다), ④ 처분을 행한 행정청이 행정심판을 거칠 필요가 없다고 잘못 알린 때(상대방의 신뢰를 보호하기 위한 것이다)에는 행정심판의 제기 없이도 소송을 제기할 수 있다(행정소송법 제18조 제3항).

## 4. 적용범위

⑺ 부작위위법확인소송에는 준용되지만, 무효등확인소송에는 적용이 없다(행정소송법 제38조 제1항·제2항).★★

⑷ 행정심판은 항고쟁송이므로 당사자소송의 경우에는 행정심판전치의 적용이 없다(다수설).

⑸ 무효확인을 구하는 의미의 취소소송에도 필요적 심판전치가 적용된다(대법원 1990. 8. 28. 90누1892).★★ 왜냐하면 행정심판전치는 소송요건이지 본안요건(처분의 위법성 여부 판단)은 아니기 때문이다.

⑹ 처분의 직접 상대방이 아닌 제3자가 제소하는 경우에도 필요적 심판전치가 적용된다(대법원 1989. 5. 9. 88누5150).★★

⑺ 둘 이상의 행정심판절차가 규정되어 있다면 명문의 규정이 없는 한 하나의 절차만을 거치는 것으로 족하다는 것이 일반적 견해이다(국세기본법상의 심사청구 또는 심판청구).★★

## 5. 행정심판의 적법성과 심판전치요건의 충족 여부

① 행정심판청구 요건을 구비한 적법한 심판청구가 있었으나 각하한 경우에 심판전치 요건은 구비된 것으로 본다. ② 행정심판청구 요건을 구비하지 못한 부적법한 심판청구가 있었음에도 본안에 대한 재결(인용·기각재결)을 한 경우 심판전치의 요건이 구비되지 않은 것으로 본다.★★

**판례** 제기기간을 도과한 행정심판청구의 부적법을 간과한 채 행정청이 실질적 재결을 한 경우의 행정소송의 전치요건 충족 여부(소극)

행정처분의 취소를 구하는 항고소송의 전심절차인 행정심판청구가 기간도과로 인하여 부적법한 경우에는 행정소송 역시 전치의 요건을 충족치 못한 것이 되어 부적법 각하를 면치 못하는 것이고, 이 점은 행정청이 행정심판의 제기기간을 도과한 부적법한 심판에 대하여 그 부적법을 간과한 채 실질적 재결을 하였다 하더라도 달라지는 것이 아니다(대법원 1991. 6. 25. 90누8091). ★★★

## 6. 행정심판과 행정소송의 관련성(필요적 심판전치의 경우)

### (1) 인적 동일성

행정심판은 특정한 처분에 대한 위원회의 재심사가 목적이기 때문에 행정심판의 청구인과 행정소송에서 원고는 <sup>+</sup>일치될 필요가 없으며, 특정한 처분에 대한 행정심판이 있기만 하면 족하다.

### (2) 물적 동일성(사건의 동일성)

행정심판의 청구원인 등과 행정소송의 그것이 기본적인 점에서 동일하면 족하다(행정소송법 제18조 제3항 제2호 참조).

### (3) 주장내용의 동일성

행정심판에서의 주장과 행정소송에서의 주장은 기본적인 점에서만 부합되면 된다.

### (4) 공격방어방법의 동일성

사건의 동일성만 일정되면 행정심판전치 요건은 구비된 것이며, 공격방어방법(원고가 본안을 인용받기 위해 제출하는 일체의 자료를 공격방법, 피고가 이를 방어하기 위해 제출하는 일체의 소송자료를 방어방법이라고 한다)의 동일성은 필요로 하지 않는다(항고소송에 있어서 원고는 전심절차에서 주장하지 아니한 공격방어방법을 소송절차에서 주장할 수 있고 법원은 이를 심리하여 행정처분의 적법 여부를 판단할 수 있는 것이므로, 원고가 전심절차에서 주장하지 아니한 처분의 위법사유를 소송절차에서 새롭게 주장하였다고 하여 다시 그 처분에 대하여 별도의 전심절차를 거쳐야 하는 것은 아니다(대법원 1996. 6. 14. 96누754)). ★★

## Ⅲ. 제소기간

### 1. 개념

#### (1) 의의

제소기간이란 처분의 상대방등이 소송을 제기할 수 있는 시간적 간격을 말한다. 제소기간준수 여부는 소송요건으로서 법원의 직권조사사항이다.

#### (2) 적용범위

㉮ 제소기간 요건은 처분의 상대방이 소송을 제기하는 경우는 물론이고, 법률상 이익이 침해된 제3자가 소송을 제기하는 경우에도 적용된다(대법원 1991. 6. 28. 90누6521).★★

㉯ 무효등확인소송의 경우에는 제소기간 제한이 없다. 그러나 무효를 확인(선언)하는 의미의 취소소송은 제소기간의 준수 등 취소소송의 제소요건을 갖추어야 한다(대법원 1993. 3. 12. 92누11039).★★★

㉰ 제소기간은 취소소송을 제기하는 경우 문제되며, 행정청이 직권취소(위법 또는 부당한 하자가 있는 처분을 그 행위를 발령한 처분청이 스스로 직권으로 효력을 소멸시키는 것)하는 경우에는 적용되지 않는다. 따라서 제소기간이 경과한 후에도 처분청은 스스로 직권취소할 수 있다.★★

㉱ 개별법률에서 제소기간에 관해 특례를 두기도 한다(공익사업을 위한 토지등의 취득 및 보상에 관한 법률 제85조 제1항(사업시행자, 토지소유자 또는 관계인은 제34조에 따른 재결에 불복할 때에는 재결서를 받은 날부터 60일 이내에, 이의신청을 거쳤을 때에는 이의신청에 대한 재결서를 받은 날부터 30일 이내에 각각 행정소송을 제기할 수 있다)).

### 2. 안 날부터 90일

#### (1) 행정심판을 거치지 않은 경우

##### 1) 특정인에 대한 처분의 경우(송달하는 경우)

##### a. 상대방에게 송달할 수 있는 경우

취소소송은 처분등이 있음을 안 날부터 90일 이내에 제기하여야 한다(행정소송법 제20조 제1항 제1문). '처분등이 있음을 안 날'이란 통지·공고 기타의 방법에 의하여 당해 처분이 있었다는 사실을 현실적으로 안 날을 의미한다(대법원 1964. 9. 8. 63누196).★★ 처분이 있음을 앎으로 족하고 구체적인 내용이나 그 처분의 위법 여부를 알아야 하는 것은 아니다(대법원 1991. 6. 28. 90누6521).★★ 그리고 적법한 송달이 있었다면 특별한 사정이 없는 한 처분이 있음을 알았다고 추정된다.★★ 따라서 이 경우 특별한 사정으로 알지 못했다는 사정은 원고가 입증해야 한다.

### b. 주소불명이나 송달불능으로 인해 송달할 수 없어 공고하는 경우

특정인에 대한 처분이나 주소불명이나 송달불능 등의 경우(1. 송달받을 자의 주소등을 통상적인 방법으로 확인할 수 없는 경우 2. 송달이 불가능한 경우) 송달받을 자가 알기 쉽도록 관보, 공보, 게시판, 일간신문 중 하나 이상에 공고하고 인터넷에도 공고하여야 하는데, 이 경우 다른 법령등에 특별한 규정이 있는 경우를 제외하고는 공고일부터 14일이 지난 때에 처분의 효력이 발생한다(행정절차법 제14조 제4항·제15조 제3항). 그러나 <u>공고가 효력을 발생하는 날에 상대방이 그 행정처분이 있음을 알았다고 볼 수는 없고, 상대방이 당해 처분이 있었다는 사실을 <sup>+</sup>현실적으로 안 날에 그 처분이 있음을 알았다고 보아야 한다</u>(대법원 2006. 4. 28. 2005두14851).★★★

### 2) 불특정인에 대한 처분의 경우(고시 또는 공고하는 경우)

<u>통상 고시 또는 공고에 의하여 행정처분을 하는 경우에는 그 처분의 상대방이 불특정 다수인이고, 그 처분의 효력이 불특정 다수인에게 일률적으로 적용되는 것이므로, 그에 대한 행정심판 청구기간도 그 행정처분에 이해관계를 갖는 자가 고시 또는 공고가 있었다는 사실을 현실적으로 알았는지 여부에 관계없이 고시가 효력을 발생하는 날인 고시 또는 공고가 있은 후 5일이 경과한 날</u>(행정 효율과 협업 촉진에 관한 규정 제6조 제3항 '공고문서는 그 문서에서 효력발생 시기를 구체적으로 밝히고 있지 않으면 그 고시 또는 공고 등이 있은 날부터 5일이 경과한 때에 효력이 발생한다')<u>에 행정처분이 있음을 알았다고 보아야 한다</u>(대법원 2000. 9. 8. 99두11257).★★★

### (2) 행정심판을 거친 경우

행정심판을 거친 경우에는 재결서의 정본을 송달받은 날부터 90일내에 소송을 제기해야 한다(행정소송법 제20조 제1항 단서). '재결서정본을 송달받은 날'이란 재결서 정본을 민사소송법이 정한 바에 따라 적법하게 송달받은 경우를 말한다.

### (3) 불변기간

앞의 90일은 불변기간이다(행정소송법 제20조 제3항).

---

**판례**

**재결청의 재조사결정에 따른 심사청구기간이나 심판청구기간 또는 행정소송의 제소기간의 기산점(=후속 처분의 통지를 받은 날)**

<u>이의신청 등에 대한 결정의 한 유형으로 실무상 행해지고 있는 재조사결정은 처분청으로 하여금 하나의 과세단위의 전부 또는 일부에 관하여 당해 결정에서 지적된 사항을 재조사하여</u> 그 결과에 따라 과세표준과 세액을 경정하거나 당초 처분을 유지하는 등의 <u>후속 처분을 하</u>

도록 하는 형식을 취하고 있다. 이에 따라 재조사결정을 통지받은 이의신청인 등은 그에 따른 후속 처분의 통지를 받은 후에야 비로소 다음 단계의 쟁송절차에서 불복할 대상과 범위를 구체적으로 특정할 수 있게 된다. 이와 같은 재조사결정의 형식과 취지, 그리고 행정심판제도의 자율적 행정통제기능 및 복잡하고 전문적·기술적 성격을 갖는 조세법률관계의 특수성 등을 감안하면, 재조사결정은 당해 결정에서 지적된 사항에 관해서는 처분청의 재조사결과를 기다려 그에 따른 후속 처분의 내용을 이의신청 등에 대한 결정의 일부분으로 삼겠다는 의사가 내포된 변형결정에 해당한다고 볼 수밖에 없다. 그렇다면 재조사결정은 처분청의 후속 처분에 의하여 그 내용이 보완됨으로써 이의신청 등에 대한 결정으로서의 효력이 발생한다고 할 것이므로, 재조사결정에 따른 심사청구기간이나 심판청구기간 또는 행정소송의 제소기간은 이의신청인 등이 후속 처분의 통지를 받은 날부터 기산된다고 봄이 타당하다(대법원(전원) 2010. 6. 25. 2007두12514).★★★

## 3. 있은 날부터 1년

### (1) 행정심판을 거치지 않은 경우

취소소송은 처분등이 있은 날부터 1년을 경과하면 이를 제기하지 못한다(행정소송법 제20조 제2항). '처분등이 있은 날'이란 처분의 효력이 발생한 날을 말한다. 처분은 행정기관의 내부적 결정만으로 부족하며 외부로 표시되어 상대방에게 도달되어야 효력이 발생한다(대법원 1990. 7. 13. 90누2284).★ '도달'이란 상대방이 현실적으로 그 내용을 인식할 필요는 없고, 상대방이 알 수 있는 상태에 놓여지면 충분하다.

### (2) 행정심판을 거친 경우

행정심판을 거친 경우에는 재결이 있는 날로부터 1년내에 소송을 제기해야 한다(행정소송법 제20조 제2항). '재결이 있는 날'이란 재결의 효력이 발생한 날을 말하며, 행정심판법 제48조 제2항에 따라 재결의 효력이 발생한 날은 재결서 정본을 송달받은 날이 된다. 결국 행정소송법 제20조 제1항의 '재결서정본을 송달받은 날'의 의미와 제2항의 '재결이 있는 날'의 의미는 같다.

### (3) 정당한 사유가 있는 경우

(개) 정당한 사유가 있으면 1년이 경과한 후에도 제소할 수 있다(행정소송법 제20조 제2항 단서). 일반적으로 행정처분의 직접 상대방이 아닌 제3자(예: 이웃소송에서 이웃하는 자)는 행정처분이 있음을 알 수 없는 처지이므로 특별한 사정이 없는 한 정당한 사유가 있는 경우에 해당한다(대법원 1989. 5. 9. 88누5150).★★★ 따라서 이러한 제3자에게는 제소기간이 연장될 수 있다. 그러나 제3자가 처분등이 있음을 알았다면 안 날부터 90일 이내에 취소소송을 제기해야 한다.

(내) 행정소송법 제20조 제2항 소정의 "정당한 사유"란 불확정 개념으로서 그 존부는

사안에 따라 개별적, 구체적으로 판단하여야 하나 민사소송법 제160조의 "당사자가 그 책임을 질 수 없는 사유"나 행정심판법 제27조 제2항(청구인이 천재지변, 전쟁, 사변(事變), 그 밖의 불가항력으로 인하여 제1항에서 정한 기간에 심판청구를 할 수 없었을 때에는 그 사유가 소멸한 날부터 14일 이내에 행정심판을 청구할 수 있다)의 "천재, 지변, 전쟁, 사변 그 밖에 불가항력적인 사유"보다는 넓은 개념이라고 풀이되므로, 제소기간도과의 원인 등 여러 사정을 종합하여 지연된 제소를 허용하는 것이 사회통념상 상당하다고 할 수 있는가에 의하여 판단하여야 한다(대법원 1991. 6. 28. 90누6521).★★

### 4. 안 날과 있은 날의 관계

처분이 있음을 안 날과 처분이 있은 날 중 어느 하나의 기간만이라도 경과하면 제소할 수 없다.

### 5. 처분 당시에 취소소송의 제기가 허용되지 않다가 위헌결정으로 허용된 경우

그리고 처분 당시에는 취소소송의 제기가 법제상 허용되지 않아 소송을 제기할 수 없다가 위헌결정으로 인하여 비로소 취소소송을 제기할 수 있게 된 경우 제소기간의 기산점은 처분등이 있음을 안 날이나 처분이 있은 날이 아니라 객관적으로는 '위헌결정이 있은 날('있은 날'과 관련하여)', 주관적으로는 '위헌결정이 있음을 안 날('안 날'과 관련하여)'이 된다(대법원 2008. 2. 1. 2007두20997).★★

### 6. 불고지나 오고지의 경우

행정청이 법정 심판청구기간보다 긴 기간으로 잘못 알린 경우에 그 잘못 알린 기간 내에 심판청구가 있으면 그 심판청구는 법정 심판청구기간 내에 제기된 것으로 본다는 취지의 행정심판법 제27조 제5항의 규정(행정청이 심판청구 기간을 제1항에 규정된 기간(행정심판은 처분이 있음을 알게 된 날부터 90일 이내에 청구하여야 한다)보다 긴 기간으로 잘못 알린 경우 그 잘못 알린 기간에 심판청구가 있으면 그 행정심판은 제1항에 규정된 기간에 청구된 것으로 본다)은 행정심판 제기에 관하여 적용되는 규정이지, 행정소송 제기에도 당연히 적용되는 규정이라고 할 수는 없다(대법원 2001. 5. 8. 2000두6916).★★★

## Ⅳ. 소제기의 효과

### 1. 심리의무

소가 제기되면 법원은 이를 심리하고 판결하여야 한다.

## 2. 중복제소금지

당사자는 법원에 계속되고 있는 사건에 대해 다시 소를 제기할 수 없다(행정소송법 제8조 제2항, 민사소송법 제259조).★★

## 3. 집행부정지의 원칙

취소소송의 제기는 처분등의 효력이나 그 집행 또는 절차의 속행에 영향을 주지 아니한다(행정소송법 제23조 제1항).

# ● 제5항  청구의 병합(이송)과 소의 변경

## Ⅰ. 관련청구소송의 이송·병합

### 1. 관련청구소송의 이송·병합의 취지

관련청구소송의 이송 및 병합은 상호관련성 있는 여러 청구를 하나의 절차에서 심판함으로써 심리의 중복, 재판상 모순을 방지하고 아울러 신속하게 재판을 진행시키기 위한 제도이다.

### 2. 관련청구소송의 이송

#### (1) 의의

사건의 이송이란 어느 법원에 일단 계속된 소송을 그 법원의 재판에 의하여 다른 법원에 이전하는 것을 말한다. 법원 간의 이전이므로 동일 법원 내에서 담당재판부를 달리하는 것은 관련청구소송의 이송이 아니라 사무분담의 문제이다.

#### (2) 요건

① 취소소송과 관련청구소송이 각각 다른 법원에 계속되어야 한다. ② 관련청구소송이 계속된 법원이 이송이 상당하다고 인정하여야 한다(이송의 필요성). ③ 이송은 관련청구소송을 취소소송이 계속된 법원으로 이송한다(행정소송법 제10조 제1항).

#### (3) 절차·효과

① 당사자의 신청이나 ✦법원의 직권에 의해 이송결정이 있어야 한다(행정소송법 제10조 제1항). ② 이송의 결정은 당해 관련청구소송을 이송 받은 법원을 기속하며, 그 법원

은 당해 소송을 다시 다른 법원에 이송할 수 없다(민사소송법 제38조). 그리고 이송결정이 확정되면 관련청구소송은 *처음부터 이송받은 법원에 계속된 것으로 본다(민사소송법 제40조 제1항).

## 3. 관련청구소송의 병합

### (1) 의의

청구의 병합이란 하나의 소송절차에서 수개의 청구를 하거나(소의 객관적 병합), 하나의 소송절차에서 수인이 공동으로 원고가 되거나 수인을 공동피고로 하여 소를 제기하는 것(소의 주관적 병합)을 말한다.

### (2) 형태

행정소송법은 제10조 제2항과 제15조에서 특별규정을 두고 민사소송에서는 인정되지 않는 서로 다른 소송절차에 의한 청구의 병합을 인정하고 있다(민사소송법은 소의 객관적 병합에 관하여 동종의 소송절차에 의해서 심리되어질 것을 요건으로 하며, 각 청구 간의 관련성을 요건으로 하고 있지 않다).

#### 1) 객관적 병합(복수의 청구)

㈎ 취소소송의 원고는 관련청구를 병합(원시적 병합)하여 제소하거나 또는 사실심변론종결시까지 추가하여 병합(후발적 병합)할 수 있다(행정소송법 제10조 제2항).

㈏ 행정소송도 민사소송과 마찬가지로 객관적 병합의 형태로 단순 병합(원고가 서로 양립하는 여러 청구를 병합하여 그 전부에 대해 판결을 구하는 형태를 말한다(예: 손해배상청구에서 적극적 손해·소극적 손해·정신적 손해를 함께 청구하는 경우)) · 선택적 병합(원고가 서로 양립하는 여러 청구를 택일적으로 병합하여 그중 어느 하나라도 인용하는 판결을 구하는 형태를 말한다(예: 물건의 인도를 소유권과 점유권에 기하여 청구하는 경우)) · 예비적 병합(주위적 청구(주된 청구)가 허용되지 아니하거나 이유 없는 경우를 대비하여 예비적 청구(보조적 청구)를 병합하여 제기하는 형태를 말한다(예: 주위적으로 무효확인소송을, 예비적으로 취소소송을 제기하는 경우))이 허용된다.

---

**판례**

**행정처분에 대한 무효확인과 취소청구의 선택적 병합 또는 단순 병합의 허용 여부(소극)**

행정처분에 대한 무효확인과 취소청구는 서로 양립할 수 없는 청구로서 주위적·예비적 청구로서만 병합이 가능하고 선택적 청구로서의 병합이나 단순 병합은 허용되지 아니한다(대법원 1999. 8. 20. 97누6889).★★★

---

### 2) 주관적 병합(복수의 당사자)

⑺ 행정소송법 제10조 제2항은 '피고외의 자를 상대로 한 관련청구소송'을, 동법 제15조는 '수인의 청구 또는 수인에 대한 청구가 처분등의 취소청구와 관련되는 청구인 경우'를 규정하고 있다.

⑻ 공동소송은 통상의 공동소송(공동소송인 사이에 합일확정(분쟁의 승패가 공동소송인 모두에 대해 일률적으로 결정되는 것을 말한다(재판의 통일))을 필요로 하지 않는 공동소송을 말한다)과 필수적 공동소송(공동소송인 사이에 소송의 승패가 통일적으로 결정되어야 하는 공동소송을 말한다(합일확정이 필요한 소송))이 모두 가능하다.

### (3) 관련청구소송의 병합의 요건

① 관련청구의 병합은 그 청구를 병합할 취소소송을 전제로 하여 그 취소소송에 관련되는 청구를 병합하는 것이므로, 병합할 취소소송은 그 자체로서 소송요건, 예컨대 제소기간의 준수, 협의의 소익 등을 갖춘 적법한 것이어야 한다(취소소송의 적법성). 만일 본래의 취소소송 등이 부적법하여 각하되면 그에 병합된 관련청구도 소송요건을 흠결하여 부적법한 것으로 각하되어야 한다(대법원 2001. 11. 27. 2000두697).★★ 당연히 병합될 관련청구소송도 제소요건을 갖추어야 한다.

② 관련청구의 병합은 ✝사실심변론종결 전에 하여야 한다(행정소송법 제10조 제2항)(병합의 시기). 그러나 사실심변론종결 전이라면 원시적 병합이든 후발적 병합이든 가릴 것 없이 인정된다.

③ 행정소송법 제10조 제1항 제1호·제2호의 관련청구소송이어야 한다(관련청구소송). 제1호(당해 처분등과 관련되는 손해배상·부당이득반환·원상회복 등 청구소송)는 청구의 내용 또는 발생 원인이 법률상 또는 사실상 공통되어 있는 소송을 말하며(예: 운전면허취소처분에 대한 취소소송과 위법한 운전면허취소처분으로 발생한 손해에 대한 손해배상청구소송), 제2호(당해 처분등과 관련되는 취소소송)는 개방적·보충적 규정으로 증거관계, 쟁점, 공격·방어방법 등의 상당부분이 공통되어 함께 심리함이 타당한 사건을 말한다(예: ① 하나의 절차를 구성하는 대집행계고처분과 대집행영장통지처분에 대한 취소소송, ② 원처분과 재결에 대한 취소소송).

④ 행정청을 피고로 하는 취소소송에 국가를 피고로 하는 손해배상청구를 병합하는 경우처럼 관련청구소송의 피고는 원래 소송의 피고와 동일할 필요가 없다(피고의 동일성 불요).

⑤ 행정사건에 관련 민사사건이나 행정사건을 병합하는 방식이어야 하고, 반대로 민사사건에 관련행정사건을 병합할 수는 없다.★★ 행정소송 상호간에는 어느 쪽을 병합하

여도 상관없다(행정사건에의 병합).

> **판례**
>
> **취소소송에 부당이득반환청구가 병합된 경우, 부당이득반환청구가 인용되려면 취소판결이 확정되어야 하는지 여부(소극)**
>
> 행정소송법 제10조 제1항, 제2항은 처분의 취소를 구하는 취소소송에 당해 처분과 관련되는 부당이득반환소송을 관련 청구로서 병합할 수 있다고 규정하고 있는바, 이 조항을 둔 취지에 비추어 보면, 취소소송에 병합할 수 있는 당해 처분과 관련되는 부당이득반환소송에는 당해 처분의 취소를 선결문제로 하는 부당이득반환청구가 포함되고, 이러한 부당이득반환청구가 인용되기 위해서는 그 소송절차에서 판결에 의해 당해 처분이 취소되면 충분하고 그 처분의 취소가 확정되어야 하는 것은 아니라고 보아야 한다(대법원 2009. 4. 9. 2008두23153). ★★★

> 💎 **쟁점** 행정소송법상 명문으로 '사실심 변론종결시까지'라고 규정하는 경우★★★
>
> ① 관련청구소송의 병합(행정소송법 제10조 제2항)
> ② 소의 종류의 변경(행정소송법 제21조 제1항)

### (4) 적용법규

병합된 관련청구소송이 민사사건인 경우, 병합한다고 민사사건이 행정사건으로 변하는 것은 아니므로 병합된 청구에 대해서는 민사소송법이 적용된다.

## Ⅱ. 소의 변경

### 1. 소의 변경의 개념

#### (1) 의의

소송의 계속 중에 당사자, 청구의 취지, 청구의 원인 등 전부 또는 일부를 변경하는 것을 소의 변경이라 한다.

#### (2) 종류

행정소송상 소의 변경에는 ① 소의 종류의 변경(행정소송법 제21조), ② 처분변경 등으로 인한 소의 변경(행정소송법 제22조), ③ 민사소송법에 의한 소의 변경(행정소송법 제8조 제2항에서 준용하는 민사소송법 제262조)이 있으며, ④ 특수한 문제로 민사소송과 행정소송 간의 소의 변경의 허용 여부가 논의된다.

## 2. 소의 종류의 변경

### (1) 의의 및 적용범위

(가) 행정소송법 제21조 제1항은 취소소송을 당사자소송 또는 취소소송 외의 항고소송으로 변경할 수 있음을 규정하며, 행정소송법 제37조는 무효등확인소송이나 부작위위법확인소송을 취소소송 또는 당사자소송으로 변경하는 것도 인정하고 있고, 행정소송법 제42조는 당사자소송을 항고소송으로 변경하는 것도 인정한다. 이는 행정소송의 종류가 다양한 까닭에 소의 종류를 잘못 선택할 가능성이 있는바, 사인의 권리구제에 만전을 기하기 위해서 소의 종류의 변경을 인정하는 것이다.

(나) 학설은 대립하지만, <sup>+</sup>무효등확인소송과 부작위위법확인소송 간에는 소의 변경을 명문으로 규정하고 있지 않다(행정소송법 제37조 참조).

### (2) 요건

① 취소소송을 당사자소송 또는 취소소송 외의 항고소송으로 변경하는 것이어야 한다(무효등 확인소송이나 부작위위법확인소송, 당사자소송을 변경하는 것도 가능하다(행정소송법 제37조, 제42조 참조)).

② 소의 변경이 상당한 이유가 있어야 한다. 상당성은 각 사건에 따라 구체적으로 판단할 것이나 소송자료의 이용가능성, 다른 구제수단의 존재 여부, 소송경제, 새로운 피고에 입히는 불이익의 정도 등을 종합적으로 고려해야 한다.

③ 청구의 기초에 변경이 없어야 한다. '청구의 기초'라는 개념은 신·구청구 간의 관련성을 뜻한다.

④ 행정소송이 <sup>+</sup>사실심변론종결 전이어야 한다. 따라서 상고심에서는 소의 종류의 변경이 인정되지 않는다.★★★ 그리고 사실심변론종결 전이면 후술하는 처분변경으로 인한 소의 변경과는 달리 <sup>+</sup>신청 기간의 제한이 없다.

⑤ 변경되는 신소는 <sup>+</sup>적법한 제소요건을 갖추어야 한다. 따라서 당사자소송을 취소소송으로 변경하는 경우(또는 부작위위법확인소송을 거부처분취소소송으로 변경하는 경우) 제소기간 등을 준수해야 한다(행정소송법 제21조 제4항, 제14조 제4항 참조).

### (3) 절차·불복

① 원고의 신청에 따라 법원의 허가를 받아야 한다. 그리고 소의 변경을 허가를 하는 경우 <sup>+</sup>피고를 달리하게 될 때에는 법원은 새로이 피고로 될 자의 <sup>+</sup>의견을 들어야 한다(행정소송법 제21조 제2항). ② 또한 법원의 허가결정에 대해 즉시항고할 수 있다(행정소

송법 제21조 제3항).

### (4) 효과

소종류 변경 허가결정이 있는 경우 변경되는 새로운 소송은 처음 소를 제기한 때에 제기된 것으로 보며(소의 변경의 경우 민사소송법 제265조는 경정신청서 제출시에 변경되는 소송이 제기된 것으로 보지만, 행정소송법은 처음 소를 제기한 때 제기된 것으로 보아 민사소송법의 특칙으로 제소시점의 소급을 인정한다)(행정소송법 제21조 제4항, 제14조 제4항), 아울러 종전의 소송은 취하된 것으로 본다(행정소송법 제21조 제4항, 제14조 제5항). 그리고 종전의 소와 관련하여 진행된 절차는 변경된 새로운 소에 그대로 유효하게 유지된다.

**판례** | **원고가 고의 또는 중대한 과실 없이 당사자소송으로 제기하여야 할 것을 항고소송으로 잘못 제기한 경우, 법원이 취할 조치(소의 변경)**

원고가 고의 또는 중대한 과실 없이 당사자소송으로 제기하여야 할 것을 항고소송으로 잘못 제기한 경우에, 당사자소송으로서의 소송요건을 결하고 있음이 명백하여 당사자소송으로 제기되었더라도 어차피 부적법하게 되는 경우가 아닌 이상, 법원으로서는 원고가 당사자소송으로 소 변경을 하도록 하여 심리·판단하여야 한다(대법원 2016. 5. 24. 2013두14863).★★

## 3. 처분변경으로 인한 소의 변경

### (1) 의의

행정청이 소송의 대상인 처분을 소가 제기된 후 변경한 때에는 원고의 신청에 의하여 법원은 결정으로써 청구의 취지 또는 원인의 변경을 허가할 수 있다(행정소송법 제22조 제1항). 행정청은 행정소송이 계속되고 있는 동안에도 직권 또는 행정심판의 재결에 따라 행정소송의 대상이 된 처분을 변경할 수 있는바 이 경우 종전소송의 각하(권리보호필요성이 없음을 이유로)나 새로운 소의 제기라는 무용한 절차의 반복을 배제하여 간편하고도 신속하게 개인의 권익구제를 확보하기 위해 이 제도를 인정한 것이다.

### (2) 요건

ⓐ 처분에 대한 소제기 후 행정청에 의한 처분의 변경이 있을 것(처분의 변경은 원처분에 대한 적극적인 변경이거나 일부취소를 가리지 않는다. 다만, ✝관련되는 처분의 변경은 이 처분변경에 해당하지 않는다), ⓑ 처분의 변경이 있음을 안 날로부터 ✝60일 이내에 원고가 신청을 할 것(행정소송법 제22조 제2항), ⓒ 변경될 소는 사실심변론종결 전이어야 한다.

### (3) 절차

원고의 신청에 따라 법원의 허가를 받아야 한다.

### (4) 효과

① 소의 변경을 허가하는 결정이 있으면 당초의 소가 처음에 제기된 때에 변경한 내용의 신소가 제기되고, 구소는 취하된 것으로 간주된다. ② 그리고 변경되는 청구가 필요적 심판전치에 해당하는 경우라도 그 <sup>+</sup>요건은 구비된 것으로 본다(행정소송법 제22조 제3항).

## 4. 민사소송법에 의한 소의 변경

행정소송법 제8조 제2항에 따라 민사소송법에 의한 소의 변경 또한 가능하다(행정소송법 제8조 제2항; 민사소송법 제262조, 제263조). 민사소송법에 의한 소의 변경은 소송의 종류의 변경에 이르지 않는 소의 변경, 즉 처분의 일부취소만을 구하다가 전부취소를 구하는 것으로 청구취지를 확장하는 것 등을 말한다.

## 5. 민사소송과 행정소송 간의 소의 변경의 허용 여부

행정소송법이나 민사소송법에는 행정소송을 민사소송으로, 민사소송을 행정소송으로 변경하는 소의 변경에 관한 규정이 없다. 그렇다면 행정소송을 민사소송으로 또는 민사소송을 행정소송으로 소변경할 수 있는지가 문제된다. 판례는 <u>행정소송으로 제기하여야 할 사건을 민사소송으로 잘못 제기한 경우 수소법원이 변경하려는 행정소송에 대한 관할도 동시에 가지고 있는 경우라면 항고소송으로 소 변경을 하도록 하여 심리·판단하여야 한다고 본다(긍정)</u>(대법원 1999. 11. 26. 97다42250).★★★ 그러나 구체적으로 어떠한 법률규정에 의하여 소변경을 할 수 있는지 여부는 설시하지 않았다.

## ● 제6항  가구제

## Ⅰ. 가구제의 의의, 종류

㈎ 일정한 경우 승소판결이 있다고 하여도 이미 회복하기 어려운 손해가 발생하여 인용판결이 원고에게 실질적인 권리구제가 되지 못하는 경우도 있다. 이를 방지하기 위한 잠정적인 수단이 바로 가구제이다. 이는 본안소송(예: 취소소송)을 전제로 하며 그 소

송 확정시까지 잠정적으로 원고의 권리를 보전하기 위한 것이다.

(나) 가(＝잠정적)구제에는 침익적 처분에 대한 취소 등을 구하는 쟁송에서의 가구제인 집행정지(소극적 의미의 가구제)와 수익적 처분의 거부·부작위에 대한 이행을 구하는 쟁송에서의 가구제인 가처분(적극적 의미의 가구제)이 있다. 전자는 행정소송법이 인정하지만, 후자는 인정 여부에 대해 학설이 대립한다.

## Ⅱ. 집행정지(소극적 의미의 가구제)

### 1. 개념

#### (1) 의의

행정소송법은 집행부정지원칙을 택하고 있으나(행정소송법 제23조 제1항), 일정한 경우 본안이 계속되고 있는 법원은 당사자의 신청 또는 직권으로 집행정지를 결정할 수 있다(예를 들어 철거명령에 대해 취소소송을 제기하더라도 집행부정지가 원칙이므로 철거명령의 집행(철거)을 막지는 못한다. 따라서 사인은 철거명령취소소송을 제기한 법원에 철거명령의 집행을 정지해줄 것을 신청해서 인용결정을 받아야 취소소송에 대한 판결이 확정될 때까지 잠정적으로 철거를 막을 수 있다).

#### (2) 법적 성질

집행정지는 사법(司法)절차에 의한 구제조치의 일종이며, 사법절차에는 재판절차뿐만 아니라 부수하는 가구제절차가 포함되기 때문에 집행정지결정은 사법작용이라는 견해가 다수설이다.

### 2. 요건

집행정지의 적극적 요건은 신청인이 주장·소명하며, 소극적 요건은 행정청이 주장·소명한다(행정소송법 제23조 제4항 참조)(대법원 1999. 12. 20. 99무42).★★★

#### (1) 적극적 요건

##### 1) 본안이 계속 중일 것

(가) 집행정지가 되려면 본안소송이 법원에 적법하게 제기되어 계속되어 있어야 한다(본안소송에는 항소심과 상고심이 포함된다). 따라서 <u>본안소송은 소송요건을 갖춘 적법한 것이어야 한다</u>(대법원 1999. 11. 26. 99부3).★★★ 그리고 본안소송의 계속은 집행정지의 요건일 뿐만 아니라 그 효력지속의 요건이기도 하므로 <u>집행정지결정을 한 후에 본안소송이 취하되어 소송이 계속되지 아니하면 집행정지결정은 당연히 그 효력이 소멸(실효)된다</u>(대법원 1975. 11. 11. 75누97).★★★

㈏ 본안소송의 대상과 집행정지의 대상은 원칙적으로 동일해야 하지만, 예를 들어 선행처분의 집행행위의 집행이나 절차속행을 정지하는 경우 양자는 *달라질 수 있다(예를 들어 과세처분취소소송에서 체납처분의 절차속행을 정지하는 경우).

㈐ ① 본안소송이 무효확인소송인 경우에도 집행정지는 가능하다(행정소송법 제38조 제1항).** 왜냐하면 무효인 처분이라 하더라도 무효 여부는 본안판결이 나오기 전까지는 불확실하며, 본안판결 전에는 무효인 처분과 취소가능한 처분의 구별이 어렵기 때문이다. ② 다만, 부작위위법확인소송은 처분등을 다투는 소송이 아니므로 집행정지가 준용되지 않는다(행정소송법 제38조 제2항 참조).***

### 2) 정지대상인 처분등의 존재

처분등이 존재해야 한다. 다만 거부처분취소소송에서 집행정지신청이 가능한지에 대해 학설이 대립된다. 판례는 거부처분은 그 효력이 정지되더라도 그 (거부)처분이 없었던 것과 같은 상태를 만드는 것에 지나지 아니하고 행정청에게 어떠한 처분을 명하는 등 적극적인 상태를 만들어 내는 경우를 포함하지 아니하기에 거부처분의 집행정지를 인정할 필요가 없다고 본다(대법원 1992. 2. 13. 91두47).*** 이에 따라 접견허가거부처분(대법원 1991. 5. 2. 91두15), 투전기영업허가갱신거부처분(대법원 1992. 2. 13. 91두47) 등의 집행정지신청을 모두 부적법하다고 보았다(부정).***

### 3) 회복하기 어려운 손해발생의 우려

㈎ 집행정지결정을 하기 위해서는 처분등이나 그 집행 또는 절차의 속행으로 인하여 회복하기 어려운 손해가 발생할 우려가 있어야 한다. 판례는 '회복하기 어려운 손해'를 일반적으로 사회통념상 금전배상이나 원상회복이 불가능하거나, 금전배상으로는 사회통념상 당사자가 참고 견딜 수 없거나 참고 견디기가 현저히 곤란한 경우의 유형·무형의 손해를 말한다고 본다(대법원 2004. 5. 17. 2004무6).*** 기업의 경우 '회복하기 어려운 손해'에 해당한다고 하기 위해서는 그 경제적 손실이나 기업 이미지 및 신용의 훼손으로 인하여 사업자의 자금사정이나 경영 전반에 미치는 파급효과가 매우 중대하여 사업 자체를 계속할 수 없거나 중대한 경영상의 위기를 맞게 될 것으로 보이는 등의 사정이 존재하여야 한다고 본다(대법원 2003. 4. 25. 2003무2).**

㈏ 따라서 과세처분에 대한 취소소송의 경우 일반적으로 회복하기 어려운 손해라고 보기 어렵다.**

### 4) 긴급한 필요

이는 회복곤란한 손해가 발생될 가능성이 시간적으로 절박하여 본안판결을 기다릴 여유가 없는 것을 말한다.

## (2) 소극적 요건

### 1) 공공복리에 중대한 영향이 없을 것

행정소송법 제23조 제3항에서 집행정지의 요건으로 규정하고 있는 '공공복리에 중대한 영향을 미칠 우려'가 없을 것이라고 할 때의 '공공복리'는 그 처분의 집행과 관련된 구체적이고도 개별적인 공익을 말하는 것이다.

### 2) 본안에 이유 없음이 명백하지 아니할 것

⁺명문에 규정된 요건은 아니지만 판례는 본안에 이유 없음이 명백하다면 집행을 정지할 이유가 없다고 보면서 이를 집행정지의 소극적 요건으로 본다(대법원 1997. 4. 28. 96두75). ★★★ 본안에서 원고가 승소할 가능성이 명백히 없다면 처분의 집행정지를 인정한 취지에 반하므로 집행정지의 요건으로 보아야 하며, 소극적 요건이므로 행정청이 주장·소명하여야 한다.

## 3. 절차, 불복

㈎ 당사자의 신청이나 법원이 직권으로 집행정지를 결정한다(행정소송법 제23조 제2항). 신청인은 본안소송의 원고가 되고, 신청의 상대방은 본안소송의 피고(본안소송의 대상과 집행정지의 대상이 다른 경우는 집행정지의 대상을 담당하는 행정청)가 된다. 관할법원은 본안이 계속되는 법원이다. 그리고 행정소송법은 집행정지의 신청을 서면으로 할 것을 규정하고 있지 않으므로 서면 또는 ⁺말로 할 수 있다(민사소송법 제161조 제1항 참조).

㈏ 집행정지의 결정 또는 기각의 결정에 대하여는 즉시항고할 수 있다. 이 경우 집행정지의 결정에 대한 즉시항고에는 결정의 집행을 정지하는 효력이 없다(행정소송법 제23조 제5항).★★★

## 4. 집행정지결정의 대상

법원은 처분등의 효력이나 그 집행 또는 절차의 속행의 전부 또는 ⁺일부의 정지를 결정할 수 있다. 다만, 처분의 효력정지는 처분등의 집행 또는 절차의 속행을 정지함으로써 목적을 달성할 수 있는 경우에는 허용되지 아니한다(행정소송법 제23조 제2항 단서).★★ 처분의 집행이나 절차의 속행이 있어야 실제로 사인의 권익이 침해되는 경우, 처분의 집행이나 절차속행이 없는 한 권익이 침해되지 않기 때문에 행정청의 권한존중을 위해 처분의 효력을 유지시키기 위한 규정이다(아래의 예에서 (2) 집행의 정지에서 '집행(철거)의 정지'와 (3) 절차속행의 정지에서 '공매절차로의 속행의 정지'가 이루어지는 한 당사자에게는 특별한 권익침해가 없다).

## (1) 효력의 정지

처분의 효력이 정지되면 처분은 외형적으로는 존재하지만 실질적으로는 없는 것과 같은 상태가 된다. 이는 별도의 집행행위가 필요없이 의사표시만으로 완성되는 처분에 대한 집행정지를 말한다(예: 영업허가취소처분·공무원에 대한 해임처분에 대한 효력을 정지하는 것).

## (2) 집행의 정지

집행의 정지란 처분의 집행력을 잠정적으로 박탈하여 그 내용의 강제적 실현을 정지시키는 것을 말한다(예: 철거명령에서 그 집행(철거)을 정지하는 것).

## (3) 절차속행의 정지

절차속행의 정지란 단계적으로 발전하는 법률관계에서 후행행위로의 진전(절차속행)을 정지하는 것을 말한다(예: 압류처분을 다투며 압류처분의 효력을 정지하는 것이 아니라 그 후행행위인 공매절차로의 진행을 정지하는 것).

## 5. 효력

### (1) 형성력

집행정지결정이 되면 **행정청의 별도의 절차 없이도 본안판결확정시까지 잠정적으로 처분이 없었던 것과 같은 상태가 된다(잠정적인 소극적 형성력 발생)(예를 들어 운전면허취소처분에 대한 효력이 정지되면 운전면허의 효력이 소생되기 때문에 당사자는 운전을 할 수 있다. 그리고 집행정지의 효력은 제3자효 있는 행정행위의 경우 제3자에게도 미친다)(행정소송법 제29조 제2항).

### (2) 기속력

집행정지결정은 당사자인 행정청과 그 밖의 관계 행정청을 기속한다(행정소송법 제23조 제6항, 제30조 제1항). 따라서 처분등에 대한 집행정지결정 이후, 그 결정에 위반되는 행정청의 행위가 있었다면 그 행위는 집행정지결정의 기속력에 위반되어 위법하며, 중대명백한 하자로 무효가 된다(예를 들어 압류처분취소소송에서 법원이 그 후행행위인 공매절차로의 속행을 정지하는 결정을 하였음에도 행정청이 이를 진행하였다면 이는 집행정지결정의 기속력에 위반되는 위법한 행위로 무효가 된다. 자세한 내용은 후술하는 판결의 효력 중 기속력 참조).★★★ 다만, 집행정지결정은 판결이 아니므로 기판력이 발생하지는 않는다(후술하는 판결의 효력 중 기판력 참조).★★ 따라서 집행정지결정 후 후소에서 당사자와 법원은 집행정지결정 사항과 모순되는 주장할 수 있다.

## (3) 효력의 시간적 범위

(개) 법원은 신청인이 구하는 정지기간에 구애됨이 없이 집행정지의 시기와 종기를 자유롭게 정할 수 있다. 그러나 처분의 효력을 소급하여 정지하는 것은 허용되지 않으며 ⁺장래를 향해서만 정지시킬 수 있다(통설).★★★ 집행정지의 시기는 고지된 때부터 효력이 발생하며, 종기는 본안판결 선고시나 본안판결 확정시, 집행정지 결정시에 임의로 정할 수 있으나 종기를 정함이 없으면 본안판결이 확정될 때까지 그 효력은 존속한다(대법원 1961. 4. 12. 4294민상1541).★★

(나) 집행정지결정의 효력은 결정주문 등에서 정한 종기 도래로 그 효력은 당연히 소멸한다. 따라서 법원이 집행정지결정을 하면서 그 주문에서 해당 법원에 계속 중인 본안소송의 판결선고시까지 효력을 정지하였을 경우에는 본안판결의 선고로써 당연히 집행정지결정의 효력은 소멸하고 이와 동시에 당초처분의 효력은 부활한다. 따라서 본안판결 선고시까지 효력을 정지하게 되면 본안판결이 있더라도 그 '선고시'부터 처분의 집행력은 회복되어 본안판결 '확정시'까지 사이에 처분이 집행될 수 있으므로 이를 막기 위해서는 추가로 상소심판결 선고시까지 또는 판결확정시까지 집행을 정지시키는 별도의 조치(신청 또는 직권에 의한 집행정지결정)를 받아야 한다.

---

**판례**

**[판례1] 일정한 납부기한을 정한 과징금부과처분에 대한 집행정지결정이 내려진 경우 그 집행정지기간 동안 납부기간이 진행되는지 여부(소극)**

일정한 납부기한을 정한 과징금부과처분에 대하여 '회복하기 어려운 손해'를 예방하기 위하여 긴급한 필요가 있고 달리 공공복리에 중대한 영향을 미치지 아니한다는 이유로 집행정지결정이 내려졌다면 그 집행정지기간 동안은 과징금부과처분에서 정한 과징금의 납부기간은 더 이상 진행되지 아니하고 집행정지결정이 당해 결정의 주문에 표시된 시기의 도래로 인하여 실효되면 그 때부터 당초의 과징금부과처분에서 정한 기간(집행정지결정 당시 이미 일부 진행되었다면 그 나머지 기간)이 다시 진행하는 것으로 보아야 한다(대법원 2003. 7. 11. 2002다48023).★★

**[판례2] 영업정지처분에 대한 효력정지결정으로 인하여 그 처분의 효력이 정지되는 동안에 영업정지기간이 도과한 경우에 영업정지처분의 취소를 구할 협의의 소익 유무(적극)**

영업정지처분에 대하여 그 효력정지결정이 있으면 그 처분의 집행자체 또는 그 효력발생이 정지되고 그 효력정지결정이 취소되거나 실효되면 그때부터 다시 영업정지기간이 진행되는 것이므로 영업정지처분이 그 효력정지결정으로 효력이 정지되어 있는 동안에 영업정지기간이 경과되었다고 하여도 그 처분의 취소를 구할 소송상 이익이 있다(대법원 1982. 6. 22. 81누375).★★

## 6. 집행정지의 취소

### (1) 신청

집행정지의 결정이 확정된 후 집행정지가 공공복리에 중대한 영향을 미치거나 그 정지사유가 없어진 때에는 당사자의 신청 또는 직권에 의하여 결정으로써 집행정지의 결정을 취소할 수 있다(행정소송법 제24조 제1항).

### (2) 심리 및 결정

집행정지 취소신청에는 그 이유를 소명하여야 한다(행정소송법 제24조 제2항, 제23조 제4항). 그리고 집행정지취소결정은 형성력을 가지므로 <u>집행정지로 정지되었던 처분등의 효력은 장래를 향해 다시 회복된다</u>(대법원 1970. 11.20. 70그4).★★ 또한 집행정지결정 취소의 효력은 제3자에게도 미친다(행정소송법 제29조 제2항, 제1항).

### (3) 즉시항고

집행정지의 취소결정 또는 기각결정에 대하여는 즉시항고할 수 있다(행정소송법 제24조 제2항, 제23조 제5항). 이 경우 집행정지의 취소결정에 대한 즉시항고는 취소결정의 집행을 정지하는 효력이 없다(행정소송법 제24조 제2항, 제23조 제5항).★★★

## Ⅲ. 가처분(적극적 의미의 가구제)

### 1. 의의

가처분이란 다툼이 있는 법률관계에 관하여 잠정적으로 임시의 지위를 보전하는 것을 내용으로 하는 가구제제도이다(행정소송법 제8조 제2항, 민사집행법 제300조 참조). 이는 원래 민사소송에서 당사자 간의 이해관계를 조정하고 본안판결의 실효성을 확보하기 위해 인정되어온 제도이다.

### 2. 항고소송에서 가처분의 인정 여부

㈎ 행정소송법은 가구제수단으로 집행정지제도를 인정하고 있지만, 집행정지는 침익적 행정처분이 발해진 것을 전제로 그 효력을 잠정적으로 정지시키는 소극적 형성력이 있을 뿐이므로 적극적 형성력이 없다. 이러한 기능적 한계로 인해 민사집행법상의 가처분제도가 항고소송에 준용될 수 있는지가 문제된다.

㈏ 판례는 <u>민사집행법상의 보전처분은 민사판결절차에 의하여 보호받을 수 있는 권리에 관한 것이라고 보기 때문에 행정소송에 가처분을 인정하지 아니한다</u>(대법원 1992. 7.

6. 92마54).**★★★**

## o 제7항  취소소송의 심리

소송의 심리란 판결을 하기 위해 그 기초가 되는 소송자료를 수집하는 절차를 말한다.

### Ⅰ. 심리의 내용

#### 1. 요건심리와 본안심리

(개) 요건심리란 소송이 법률상 요구되는 소송요건을 구비한 적법한 소송인가를 심리
하는 것을 말하며, 소송요건이 구비되지 않았다면 이를 각하한다. 소송요건은 당사자가
주장하지 않아도 법원이 이를 직권으로 조사해야 한다.

(내) 본안심리란 요건심리의 결과 소송요건이 구비된 경우, 소의 실체적인 내용을 심
리하여 원고의 청구를 인용할 것인가 또는 기각할 것인가를 심사하는 것을 말한다.

---

**◆ 쟁점** 취소소송에서 본안심리의 대상(=취소소송의 소송물)

#### 1. 소송물의 의의, 논의 실익

(개) 소송물(소송상 청구)이란 소송절차에서 심판의 대상이 되는 구체적인 사항을
말한다(소송의 단위).

(내) 소송물의 개념은 행정소송 해당 여부, 관할법원, 소송의 종류, 소의 병합과
소의 변경, 소송계속의 범위, 그리고 기판력의 범위 및 판결의 기속력의 범위를
정하는 기준이 되며 처분사유의 추가·변경과도 관련된다.

#### 2. 취소소송의 소송물

취소소송의 소송물에 대해 처분의 위법성 일반(성문법, 관습법, 행정법의 일반원칙 등
의 모든 법의 위반을 말함)을 소송물로 보는 견해가 다수설이다. 판례도 「취소판결
의 기판력은 소송물로 된 행정처분의 위법성 존부에 관한 판단 그 자체에만 미
치는 것이므로 전소와 후소가 그 소송물을 달리하는 경우에는 전소 확정판결의
기판력이 후소에 미치지 아니하는 것(대법원 1996. 4. 26. 95누5820)」, 「과세처분취
소소송의 소송물은 그 취소원인이 되는 위법성 일반(대법원 1990. 3. 23. 89누5386)」
이라고 하여 같은 입장이다.**★★★**

참고

**사실문제와 법률문제, 재량문제★**

(개) 법원은 법률문제(어떠한 처분이 위법한지에 대한 판단)뿐만 아니라, 사실문제(특정한 사실이 법률요건에 해당하는지에 대한 판단)도 심리한다. 양자를 모두 심리·판단할 수 있는 심급을 사실심이라 하고, 법률문제만을 심리·판단하는 심급을 법률심이라 한다.

(내) 재량권이 인정되는 범위에서는 원래 법원이 이를 심리할 수 없다(행정소송의 한계 참조). 다만, 행정청의 재량에 속하는 처분이라도 재량권의 한계를 넘거나 그 남용이 있는 때(=위법)에는 법원은 이를 취소할 수 있다(행정소송법 제27조).

## 2. 처분의 위법성 판단 기준시

### (1) 문제 상황

다수설과 판례에 따르면 취소소송의 본안판단의 대상인 소송물은 처분의 위법성 일반인데, 이 위법성을 판단하는 기준시점이 어디인지에 대해 학설의 대립이 있다(예를 들어 위법한 건축허가거부처분을 이유로 사인이 취소소송을 제기한 후 건축허가거부처분을 적법하게 만드는 공익적 사정이 발생한 경우 법원은 판결시에 그러한 공익적 사정을 고려할 수 있는지가 문제된다).

### (2) 판례

(개) 판례는 행정소송에서 행정처분의 위법 여부는 행정처분이 있을 때의 법령과 사실상태를 기준으로 하여 판단해야 한다고 본다(처분시설)(대법원 1993. 5. 27. 92누19033).★★★ 그리고 거부처분의 경우도 거부처분시를 기준으로 처분의 위법성을 판단한다(대법원 2008. 7. 24. 2007두3930).★★

(내) 다만, 법원은 행정처분 당시 행정청이 알고 있었던 자료뿐만 아니라 사실심 변론 종결 당시까지 제출된 모든 자료를 종합하여 처분 당시 존재하였던 객관적 사실을 확정하고 그 사실에 기초하여 처분의 위법 여부를 판단할 수 있다(대법원 2010. 1. 14. 2009두11843).★★

## 3. 처분사유의 추가·변경

### (1) 개념

#### 1) 의의

행정청은 '법률'요건에 해당하는 '사실'을 기초로 처분을 한다. 이처럼 처분을 발령하게 되는 사실상 근거와 법률상 근거를 합하여 '처분사유(처분이유)'라고 한다(일반적으로 제소 전에는 '처분이유'로 제소 후에는 '처분사유'라고 부른다). '처분사유의 추가·변경(처분이유의 사후변경)'이란 처분시에는 사유(이유)로 제시되지 않았던 사실상 또는 법률상의 근거를 사후에 행정쟁송절차에서 행정청이 새로이 제출하여 처분의 위법성판단(심리)에 고려하는 것을 말한다. 그리고 행정소송법은 처분사유의 추가·변경에 관해 ⁺명문의 규정을 두고 있지 않다.

### 2) 구별개념

ⓐ 처분사유의 추가·변경은 실질적 적법성의 문제(적절하지 않은 처분사유를 제시하였다가 적절한 처분사유를 추가하거나 변경하는 것)이나 처분이유의 사후제시는 형식적 적법성의 문제(행정절차법 제23조에 따른 이유제시를 하지 않다가 사후에 이유를 제시하는 것)이며, ⓑ 처분사유의 추가·변경은 행정쟁송에서의 문제이나 처분이유의 사후제시(이유제시의 절차상 하자의 치유)는 행정절차의 문제이다.

---

**이유제시, 하자 있는 행정행위의 치유**

**1. 이유제시**

**행정절차법 제23조(처분의 이유 제시)** ① 행정청은 처분을 할 때에는 다음 각 호의 어느 하나에 해당하는 경우를 제외하고는 당사자에게 그 근거와 이유를 제시하여야 한다.
1. 신청 내용을 모두 그대로 인정하는 처분인 경우
2. 단순·반복적인 처분 또는 경미한 처분으로서 당사자가 그 이유를 명백히 알 수 있는 경우
3. 긴급히 처분을 할 필요가 있는 경우

**2. 하자 있는 행정행위의 하자의 치유**

하자 있는 행정행위의 치유란 행정행위가 발령 당시에 위법한 것이라고 하여도 사후에 흠결을 보완하게 되면 적법한 행위로 취급하는 것을 말한다. 하자의 치유는 절차와 형식상의 하자만 치유가 가능하며 내용상 하자의 치유는 인정되지 않는다(대법원 1991. 5. 28. 90누1359). 그리고 하자의 치유는 행정쟁송제기 이전에만 가능하다.

---

### (2) 인정 여부

판례는 처분청은 당초 처분의 근거로 삼은 사유와 기본적 사실관계가 동일성이 있다고 인정되는 한도 내에서만 다른 사유를 추가하거나 변경할 수 있을 뿐, 기본적 사실관계의 동일성이 인정되지 않는 별개의 사실은 처분사유로 주장할 수 없다는 것이 일관된 입장이다(제한적 긍정설)(대법원 1983. 10. 25. 83누396).★★★

## (3) 처분사유의 추가·변경의 인정 범위(요건)

### 1) 시간적 범위

#### a. 처분사유의 추가·변경의 가능시점

처분사유의 추가·변경은 ⁺사실심변론종결시까지 허용된다.★★★

#### b. 처분사유의 추가·변경과 처분의 위법성판단 기준시점

처분의 위법성 판단의 기준시점을 어디로 볼 것이냐에 따라 추가·변경할 수 있는 처분사유의 시간적 범위가 결정된다. 다수설과 판례인 처분시설에 따르면 처분시의 사유만이 추가·변경의 대상이 된다.★★★

### 2) 객관적 범위

#### a. 소송물의 동일성

처분사유를 추가·변경하더라도 처분의 동일성(소송물의 동일성)은 유지되어야 한다(예를 들어 '1번지 건물의 양도'를 이유로 한 양도소득세부과처분과 '2번지 건물의 양도'를 이유로 한 양도소득세부과처분은 처분사유를 변경함으로써 처분의 동일성이 변경되는 경우이다). 만일 처분의 동일성이 변경된다면 이는 '처분사유'의 변경이 아니라 '처분'의 변경이 된다. 이 경우에는 처분사유의 변경이 아니라 행정소송법 제22조의 처분변경으로 인한 소의 변경을 해야 한다.

#### b. 기본적 사실관계의 동일성

㈎ 판례는 기본적 사실관계의 동일성 유무는 <u>처분사유를 법률적으로 평가하기 이전</u>의 구체적인 사실에 착안하여 그 기초인 사회적 사실관계가 기본적인 점에서 동일한지 여부에 따라 결정된다고 한다(대법원 2004. 11. 26. 2004두4482).★★ 구체적인 판단은 <u>시간적·장소적 근접성, 행위의 태양(모습)·결과 등</u>의 제반사정을 종합적으로 고려해야 한다. 다만, 당사자가 추가·변경될 사유가 처분당시에 존재하기만 하면 되고 <u>당사자가 그 사실을 알았는지 여부는 기본적 사실관계의 동일성과는 관련이 없다</u>(대법원 2009. 11. 26. 2009두15586).★★

㈏ 즉, 처분청이 처분 당시에 적시한 구체적 사실을 변경하지 아니하는 범위 내에서 단지 그 <u>처분의 근거법령만을 추가·변경하거나 당초의 처분사유를 구체적으로 표시하는 것</u>에 불과한 경우처럼 처분사유의 내용이 공통되거나 취지가 유사한 경우에만 기본적 사실관계의 동일성을 인정하고 있다(대법원 2007. 2. 8. 2006두4899).★★★

㈐ 판례는 ① 산림형질변경불허가처분취소소송에서 <u>준농림지역에서 행위제한</u>이라는 사유와 자연환경보전의 필요성이라는 사유(대법원 2004. 11. 26. 2004두4482)(준농림지역에서 일정한 행위를 제한한 이유가 자연환경보전을 위한 것이기 때문에 당초사유와 추가한 사유는 취

지가 같다), ★★★ ② 액화석유가스판매사업불허가처분취소소송에서 사업허가기준에 맞지 않는다는 사유와 이격거리허가기준에 위반된다는 사유(대법원 1989. 7. 25. 88누11926)(이격거리허가기준도 해당법령상 사업허가기준이었기 때문에 두 사유는 내용이 공통된다)★★★는 기본적 사실관계의 동일성을 인정하였으나, ① 부정당업자제재처분취소소송에서 정당한 이유없이 계약을 이행하지 않았다는 사유와 계약이행과 관련해 관계공무원에게 뇌물을 준 사유(대법원 1999. 3. 9. 98두18565), ★★★ ② 종합주류도매업면허취소처분취소소송에서 무자료 주류판매 및 위장거래금액이 과다하다는 사유와 무면허판매업자에게 주류를 판매하였다는 사유(대법원 1996. 9. 6. 96누7427)★★★는 기본적 사실관계의 동일성을 부정하였다.

### (4) 처분사유의 추가·변경의 효과

처분사유의 추가·변경이 인정되면 법원은 추가·변경되는 사유를 근거로 심리할 수 있고, 인정되지 않는다면 법원은 당초의 처분사유만을 근거로 심리하여야 한다.

◆ **쟁점** 기본적 사실관계의 동일성에 관한 판례

#### 1. 긍정한 판결

[판례1] 토지형질변경행위허가신청반려처분취소소송에서 '국립공원에 인접한 미개발지의 합리적인 이용대책 수립시까지 그 허가를 유보한다'는 사유와 '국립공원 주변의 환경·풍치·미관 등을 크게 손상시킬 우려가 있으므로 공공목적상 원형유지의 필요가 있는 곳으로서 형질변경허가 금지 대상'이라는 사유(적극)

토지형질변경 불허가처분의 당초의 처분사유인 국립공원에 인접한 미개발지의 합리적인 이용대책 수립시까지 그 허가를 유보한다는 사유와 그 처분의 취소소송에서 추가하여 주장한 처분사유인 국립공원 주변의 환경·풍치·미관 등을 크게 손상시킬 우려가 있으므로 공공목적상 원형유지의 필요가 있는 곳으로서 형질변경허가 금지 대상이라는 사유는 기본적 사실관계에 있어서 동일성이 인정된다(대법원 2001. 9. 28. 2000두8684). ★★★

[판례2] 종합소득세등부과처분취소소송에서 '원고 등의 소득이 이자소득이다'라는 사유와 '대금업에 의한 사업소득에 해당한다'는 사유(적극)

과세처분취소소송에서의 소송물은 과세관청의 처분에 의하여 인정된 과세표준 및 세액의 객관적 존부이고, 과세관청으로서는 소송 도중이라도 사실심 변론종결시까지 그 처분에서 인정한 과세표준 또는 세액의 정당성을 뒷받침하기 위하여 처분의 동일성이 유지되는 범위 내에서 처분사유를 교환·변경할 수 있으며, 과세관청이 종합소득세부과처분의 정당성을 뒷받침하기 위하여 합산과세되는 종합소득의 범위 안에서 그 소득의 원천만을 달리 주장하는 것은 처분의 동일성이 유지되는 범위 내의 처분사유 변경에 해당하여 허용된다. … 피고가 제1심에서 소송수행자를 통하여 이 사건 원고 등의 소득이 이자소득이 아니라 대금업에 의한 사업소득에 해당한다고 처분사유를 변경한 것은 처분의 동일성이 유지되는 범위 내에서의 처분사유 변경에 해당하여 허용된다(대법원 2002. 3. 12. 2000두2181). ★★★

**[판례3]** 정기간행물등록신청거부처분취소소송에서 '불법단체인 전국교직원노동조합의 약칭 (전교조)이 제호에 사용되었다'는 사유와 '다른 법령에 의하여 금지·처벌되는 명칭이 제호에 사용되어 있다'는 사유(적극) 및 '발행주체가 불법단체'라는 사유와 '정간법령 소정의 첨부서류가 제출되지 아니하였다'는 사유(적극)

다른 법령에 의하여 금지·처벌되는 명칭이 제호에 사용되어 있다는 주장은 당초 처분시에 불법단체인 전국교직원노동조합의 약칭(전교조)이 제호에 사용되었다고 적시한 것과 비교하여 볼 때 당초에 적시한 구체적 사실을 변경하지 아니한 채 단순히 근거 법조만을 추가·변경한 주장으로서 이를 새로운 처분사유의 추가·변경이라고 할 수 없고, 또한 정간법령 소정의 첨부서류가 제출되지 아니하였다는 주장은 발행주체가 불법단체라는 당초의 처분사유와 비교하여 볼 때 발행주체가 단체라는 점을 공통으로 하고 있어 기본적 사실관계에 동일성이 있는 주장으로서 소송에서 처분사유로 추가·변경할 수 있다(대법원 1998. 4. 24. 96누13286).★

**[판례4]** 부정당업자제재처분취소소송에서 '담합을 주도하거나 담합하여 입찰을 방해하였다'는 사유와 '특정인의 낙찰을 위하여 담합한 자'에 해당한다는 사유(적극)

피고가 원심 심리 중에 당초의 처분사유인 국가를 당사자로 하는 계약에 관한 법률 시행령 제76조 제1항 제12호 소정의 '담합을 주도하거나 담합하여 입찰을 방해하였다'는 것으로부터 같은 항 제7호 소정의 '특정인의 낙찰을 위하여 담합한 자'로 이 사건 처분의 사유를 변경한 것은, 그 변경 전후에 있어서 같은 행위에 대한 법률적 평가만 달리하는 것일 뿐 기본적 사실관계를 같이 하는 것이므로 허용된다(대법원 2008. 2. 28. 2007두13791).★★★

**[판례5]** 구 법인세법 제32조 제5항에 대한 헌법재판소의 위헌결정으로 효력을 상실한 같은 법시행령 제94조의2에 근거한 소득처분과는 별도로 소득금액이 대표이사 등에게 현실적 소득으로 귀속되었다는 주장과 함께 합산과세되는 종합소득의 범위 안에서 그 소득의 원천만을 달리 주장하는 것이 처분의 동일성 범위 내의 처분사유 변경에 해당하는지 여부(적극)

과세처분의 취소소송에 있어서의 소송물은 과세관청의 과세처분에 의하여 인정된 과세표준 및 세액의 객관적 존부이고, 과세관청으로서는 소송 도중이라도 사실심 변론종결시까지 당해 처분에서 인정한 과세표준 또는 세액의 정당성을 뒷받침하기 위하여 처분의 동일성이 유지되는 범위 내에서 처분사유를 교환·변경할 수 있는 것이며, 과세관청이 사실심 변론종결시까지 구 법인세법시행령 제94조의2 규정에 근거하여 소득금액을 지급한 것으로 의제하는 소득처분과는 별도로, 당해 원천징수처분의 정당성을 뒷받침하기 위하여 같은 소득금액이 대표이사나 출자자에게 현실적 소득으로 귀속되었다는 주장과 함께 합산과세되는 종합소득의 범위 안에서 그 소득의 원천만을 달리 주장하는 것은 처분의 동일성이 유지되는 범위 내의 처분사유 변경에 해당하여 허용된다(대법원 1999. 9. 17. 97누9666).★★★

## 2. 부정한 판결

**[판례1]** 의료보험요양기관지정취소처분취소소송에서 요양기관 지정취소처분의 당초의 처분사유인 '구 의료보험법 제33조 제1항이 정하는 본인부담금 수납대장을 비치하지 아니하였다'는 사유와 같은 법 제33조 제2항이 정하는 '보건복지부장관의 관계서류 제출명령에 위반하였다'는 사유(소극)

의료보험요양기관 지정취소처분의 당초의 처분사유인 구 의료보험법 제33조 제1항이 정하는 본인부담금 수납대장을 비치하지 아니한 사실과 항고소송에서 새로 주장한 처분사유인 같은 법 제33조 제2항이 정하는 보건복지부장관의 관계서류 제출명령에 위반하였다는 사실은 기본적 사실관계의 동일성이 없다(대법원 2001. 3. 23. 99두6392).★

**[판례2] 토석채취허가신청에 대한 반려처분취소소송에서 '인근주민의 동의가 없다'는 사유와 '토석채취를 하게 되면 자연경관이 심히 훼손된다'는 사유(소극)**

피고가 이 사건 소송에서 위 반려사유로 새로이 추가하는 처분사유는 이 사건 허가신청지역은 전남 나주군 문평면에 소재한 백용산의 일부로서 토석채취를 하게 되면 자연경관이 심히 훼손되고 암반의 발파시 생기는 소음, 토석운반차량의 통행시 일어나는 소음, 먼지의 발생, 토석채취장에서 흘러 내리는 토사가 부근의 농경지를 매몰할 우려가 있는 등 공익에 미치는 영향이 지대하고 이는 산림내토석채취사무취급요령 제11조 소정의 제한사유에도 해당되기 때문에 위 반려처분이 적법하다는 것인바, 이는 피고가 당초 위 반려처분의 근거로 삼은 사유와는 그 기본적 사실관계에 있어서 동일성이 인정되지 아니하는 별개의 사유라고 할 것이므로 피고는 이와 같은 사유를 이사건 반려처분의 근거로 추가할 수 없다(대법원 1992. 8. 18. 91누3659).★

**[판례3] 자동차관리사업불허처분취소소송에서 '기존 공동사업장과의 거리제한규정에 저촉된다'는 사유와 '최소 주차용지에 미달한다'는 사유(소극)**

피고의 이 사건 처분사유인 기존 공동사업장과의 거리제한규정에 저촉된다는 사실과 피고 주장의 최소 주차용지에 미달한다는 사실은 기본적 사실관계를 달리하는 것임이 명백하여 피고가 이를 새롭게 처분사유로서 주장할 수는 없는 것이다(대법원 1995. 11. 21. 95누10952).★★

## Ⅱ. 심리의 원칙

### 1. 당사자주의와 직권주의, 처분권주의·변론주의와 직권탐지주의

(가) 심리의 원칙에는 소송절차에서 당사자에게 주도권을 부여하는 원칙인 당사자주의와 법원에게 주도권을 인정하는 직권주의가 있다. 당사자주의는 처분권주의와 변론주의를 내용으로 한다.

(나) 처분권주의란 분쟁의 대상, 소송의 개시와 종료를 당사자가 결정한다는 원칙을 말하며(소송물에 대한 원칙), 변론주의란 사실의 주장과 증거의 수집·제출책임을 당사자에게 맡기는 원칙(당사자가 수집·제출한 소송자료만을 재판의 기초로 삼는 원칙(소송자료에 대한 원칙))을 말한다. 직권주의를 이념으로 하면서 변론주의에 대비되는 개념이 직권탐지주의다. 직권탐지주의란 사실주장과 증거의 수집·제출책임을 전적으로 법원이 부담하는 원칙을 말한다.

(다) 민사소송에서는 당사자주의가, 형사소송에서는 직권주의가 원칙이지만, 행정소

송의 심리에는 당사자주의가 적용되어 처분권주의와 변론주의가 지배한다. 따라서 법원은 심판의 대상인 처분등에 대한 사항 외에는 심리하지 못한다(불고불리의 원칙)(행정소송에 있어서도 당사자의 신청의 범위를 넘어서 심리하거나 재판하지 못한다(대법원 1995. 4. 28. 95누627)).★★★

㈑ 다만, 행정소송에서도 상고심은 법률심이므로 직권조사사항을 제외하고는 새로운 소송자료를 수집하거나 사실관계를 확정하여 심리할 수는 없다(즉, 법률문제에 해당하는 직권조사사항은 상고심에서도 심리·판단할 수 있다).★★

## 2. 구술심리주의

구술심리주의란 변론과 증거조사를 구술로 행하는 원칙을 말한다. 항고소송은 구술심리주의가 원칙이다.

## 3. 공개심리주의

공개심리주의란 재판의 심리와 판결은 공개되어야 한다는 원칙을 말한다(헌법 제109조 제1문).

> ◆ **쟁점** 행정심판에서의 심리
>
> 행정심판에서의 심리는 구술심리나 서면심리(서면의 형식으로 심리하는 것)로 한다(행정심판법 제40조 제1항 본문). 그리고 명문의 규정은 없으나 비공개주의가 원칙이라는 견해가 다수설이다.

## Ⅲ. 심리의 방법

행정사건의 심리에도 처분권주의와 변론주의가 지배하며, 행정소송법에 특별한 규정이 없는 한 민사소송법과 법원조직법이 준용된다(행정소송법 제8조 제2항). 그러나 행정소송법은 판결의 공정성과 타당성을 확보하기 위해 법원의 행정심판기록제출명령(행정소송법 제25조)과 직권심리(행정소송법 제26조)를 규정한다.

## 1. 행정심판기록제출명령

취소소송에서 처분과 관련되는 자료는 대부분 행정청이 보유하고 있어 원고가 주장과 입증을 함에 있어 어려움이 많다. 이에 행정소송법 제25조는 당사자의 신청이 있는 경우 법원은 결정으로 재결을 행한 행정청에 대해 행정심판에 관한 기록의 제출을 명할 수 있으며, 이 경우 행정청은 지체 없이 행정심판에 관한 기록을 법원에 제출하여야 한다고 규정하고 있다. 여기서 '행정심판에 관한 기록'이란 당해 사건과 관련하여 행정심판위원회에 제출된 일체의 서류를 말한다. 행정심판에 대한 기록이 법원에 도착하면 당사자는 열람·복사를 청구할 수 있다.

## 2. 직권심리

### (1) 문제점

행정소송에도 행정소송법 제8조 제2항에 따라 변론주의와 민사소송법 제292조(법원은 당사자가 신청한 증거에 의하여 심증을 얻을 수 없거나, 그 밖에 필요하다고 인정한 때에는 직권으로 증거조사를 할 수 있다)가 적용되기에 법원은 보충적으로 직권에 의한 증거조사가 가능하다. 그러나 행정소송법은 제26조에서 직권심리에 대한 별도의 규정을 두고 있는바 이 규정이 변론주의 원칙을 넘어 직권탐지주의를 규정한 것인지가 문제된다.

### (2) 판례

판례는 행정소송법 제26조는 행정소송의 특수성에서 연유하는 당사자주의, 변론주의에 대한 일부 예외규정일 뿐 법원이 아무런 제한 없이 <u>당사자가 주장하지 아니한 사실을 판단할 수 있는 것은 아니고 일건 기록상 현출되어 있는 사항에 관해서만 판단할 수 있다</u>고 함으로써 행정소송법 제26조 규정의 의미를 축소 해석한다고 볼 수 있다.★★★

---

📖 참고 | **주장책임**

(가) 분쟁의 중요한 사실관계(요건사실)를 주장하지 않음으로 인하여 일방당사자가 받는 불이익부담을 주장책임이라 부른다. 주장책임은 변론주의에서 문제되지만, 행정소송법 제26조(법원은 필요하다고 인정할 때에는 … 당사자가 주장하지 아니한 사실에 대하여도 판단할 수 있다)로 인해 그 한도에서 주장책임의 의미는 완화된다.

(나) 주장책임을 부담하는 자를 주장책임자라고 하며, 주장책임자도 입증책임자처럼 법률요건분류설에 따른다(대법원 2000. 5. 30. 98두20162)★(후술하는 입증책임 참조).

---

📖 참고 | **증거제출책임**

증거제출책임이란 증거를 신청하지 않아 무증명의 상태가 됨으로 인해 당사자가 받게 되는 불이익 부담을 말한다. 변론주의하에서는 당사자가 신청한 증거에 대해서만 증거조사를 해야 하지만 (직권증거조사의 원칙적 금지) 행정소송법 제26조(법원은 필요하다고 인정할 때에는 직권으로 증거조사를 할 수 … 있다)로 인해 행정소송에서 증거제출책임은 완화되고 있다.

## 3. 입증책임

### (1) 의의

입증책임이란 어떠한 사실관계에 대한 명백한 입증이 없을 때(진위불명상태) 당사자가 받게 될 불이익한 부담을 말한다. 입증책임을 부담하는 자를 입증책임자라고 한다.

### (2) 소송요건사실에 대한 입증책임(자)

소송요건은 행정소송에서도 직권조사사항이지만, 그 존부가 불명할 때에는 이를 결한 부적법한 소로 취급되어 원고의 불이익으로 판단될 것이므로 결국 이에 대한 입증책임은 원고가 부담한다. 즉, 입증책임은 변론주의하에서 특히 중요하지만, 진위불명상태가 되어 일방당사자가 불이익을 받은 경우에는 ⁺직권탐지주의하에서도 문제가 될 수 있다.★★

### (3) 본안에 대한 입증책임(자)

#### 1) 문제점

취소소송에서 원고와 피고 행정청 중 어느 당사자가 입증책임을 부담하는지에 대해 행정소송법에 명문의 규정이 없어 학설이 대립된다.

### 2) 학설

(가) ⓐ 원고책임설, ⓑ 피고책임설이 있으나, ⓒ 법률요건분류설이 다수설이다.

(나) 법률요건분류설이란 민사소송법의 입증책임배의 원칙에 따라 당사자는 각각 자기에게 유리한 요건사실의 존재에 대하여 입증책임을 부담한다는 입장이다. 즉, ⓐ 권한행사규정('— 한 때에는 —의 처분을 한다')의 요건사실의 존재는 그 권한행사의 적법성 (필요성)을 주장하는 자가 입증해야 한다. 따라서 권한행사에 대해서는 권한행사를 주장하는 당사자가, 권한불행사에 대해서는 권한불행사를 주장하는 당사자가 입증책임을 부담한다. ⓑ 그리고 권한불행사규정('— 한 때에는—의 처분을 하여서는 아니 된다')의 요건사실의 존재는 처분권한의 불행사(상실)를 주장하는 자가 요건사실에 대해 입증해야 한다. 따라서 권한불행사에 대해서는 권한불행사를 주장하는 당사자가, 권한행사에 대해서는 권한행사를 주장하는 당사자가 입증책임을 부담한다.

(다) 예를 들어 과세처분에서 과세의 요건사실은 행정청이 입증책임을 부담하고(과세 요건에 흠결이 있음은 상대방인 사인이 입증해야 한다), 건축허가거부처분의 경우 건축허가를 받은 권리가 있음(=건축허가의 요건이 만족되었다는 사실)을 사인이 입증해야 한다(건축허가 요건이 미비되어 있음은 행정청이 입증해야 한다).★★★

### 3) 판례

판례는 민사소송법의 규정이 준용되는 행정소송에 있어서 <u>입증책임은 원칙적으로 민사소송의 일반원칙에 따라 당사자 간에 분배된다</u>고 보고 있어 법률요건분류설의 입장이다(대법원 1984. 7. 24. 84누124).★★

## (4) 증거제출시한

당사자는 사실심의 변론종결시까지 주장과 증거를 제출할 수 있다(대법원 1989. 6. 27. 87누448).★★

## ㅇ 제8항 취소소송의 종료

법원의 심리는 일반적으로 판결로 종료된다. 또한 성질상 승계가 허용되지 않는 소송에서 원고가 사망한 경우(승계가 허용되는 경우는 소송절차가 중단되고 당사자가 교체된다), 소의 취하, 청구의 포기·인낙 등의 사유로도 종료될 수 있다.

## 제1목  취소소송의 판결

## 제1  종류

## Ⅰ. 중간판결과 종국판결

중간판결(심급을 종료시키지 않는 판결)이란 소송 진행 중에 당사자 간에 쟁점으로 된 사항에 관해 심리를 정리하고 종국판결을 준비하기 위한 판결을 말하며(예: 소취하에 의한 소송종료의 유무처럼 소송절차상의 문제에 관한 다툼), 종국판결(심급을 종료시키는 판결)이란 소송의 전부나 일부에 대해 종국적인 효력을 갖는 판결을 말한다(예: 소송판결, 본안판결).

## Ⅱ. 소송판결과 본안판결

소송판결이란 소송요건 또는 상소요건의 불비를 이유로 소를 각하하는 종국판결을 말한다. 본안판결이란 청구의 당부에 관한 판결로 청구를 인용하거나 기각하는 것을 내용으로 한다.

## Ⅲ. 각하·기각·인용판결

### 1. 각하판결

각하판결이란 소송요건의 불비를 이유로 심리를 거부하는 판결을 말한다. 각하판결은 처분의 위법성에 대한 판결이 아니므로 원고는 결여된 요건을 보완하여 다시 소를 제기할 수 있다.

### 2. 기각판결

#### (1) 의의

일반적으로 기각판결(일반적인 기각판결)이란 원고의 청구가 이유 없어 이를 배척하는 판결을 말한다. 그러나 예외적으로 원고의 청구가 이유는 있지만 공익적인 사정으로 원고의 청구를 배척하는 판결을 하는 경우도 있다. 이러한 기각판결을 사정판결이라 한다.

## (2) 사정판결

### 1) 개념

#### a. 의의

사정판결이란 원고의 청구가 이유있다고 인정하는 경우에도 처분등을 취소하는 것이 현저히 공공복리에 적합하지 아니하다고 인정하는 때에는 법원이 원고의 청구를 †기각할 수 있는 판결제도를 의미한다(행정소송법 제28조)(예를 들어 을에게 발령된 여객자동차운수사업면허가 위법하여 경쟁자인 갑이 취소소송을 제기하였는데, 여객자동차운수사업면허가 위법하면 갑의 청구를 인용해야 하지만 만일 이미 영업을 개시한 을의 여객자동차를 이용하는 시민이 상당수이어서 을의 여객자동차운수사업면허를 취소하는 것이 현저히 공공복리에 적합하지 않은 경우 여객자동차운수사업면허가 위법함에도 갑의 청구를 기각하는 것을 말한다). 사정판결은 법치주의의 예외현상으로 공공복리를 위해 인정하는 것이므로 <u>엄격한 요건하에 제한적으로 인정되어야 한다</u>(대법원 1991. 5. 28. 90누1359). 그리고 사정판결은 †상고심에서도 허용된다.

#### b. 인정근거

사정판결을 인정하는 근거는 위법한 처분등에 수반하여 형성되는 법률관계·사실관계 등 기성사실을 존중할 필요가 있기 때문이다(앞의 예에서 이미 영업을 개시한 을의 여객자동차를 상당수 시민이 이용하고 있다는 사실(＝기성사실)의 존중의 필요).

### 2) 요건

#### a. 원고의 청구가 이유 있을 것

원고의 청구는 행정청의 처분이 위법하다는 것이므로 원고의 청구가 이유 있다는 것은 행정청의 처분이 위법한 경우를 말한다.

#### b. 처분등을 취소하는 것이 현저히 공공복리에 적합하지 아니할 것

'공공복리'란 급부행정 분야만을 말하는 것은 아니며 질서행정 분야까지 포함하는 넓은 개념이다. 그리고 공익성 판단의 기준시점은 처분의 위법성 판단의 기준시점과 구별된다. 즉, <u>처분의 위법성 판단 기준시점은 처분시설이 다수설과 판례의 입장이지만, 사정판결에서 공익성 판단은 변론종결시를 기준으로 한다</u>(대법원 1970. 3. 24. 69누29).★★★

#### c. 당사자의 주장(항변)없이 직권으로 사정판결이 가능한지 여부

사정판결이 필요하다는 사정은 피고인 행정청이 주장·입증책임을 부담한다(다수설). 다만, 판례는 행정소송법 제26조를 근거로 당사자(일반적으로 피고)의 명백한 주장이 없는 경우에도 <u>기록에 나타난 여러 사정을 기초로 직권으로 사정판결할 수 있다고 본다</u>(대법원 2006. 9. 22. 2005두2506)(제한적 긍정).★★★

**쟁점** 사정판결에 대한 중요 판례 정리

**[판례1]** 전남대 법학전문대학원에 대한 예비인가처분이 위법하지만 이미 예비인가를 받은 후 법학전문대학원이 개원하여 교육이 진행 중인 경우 사정판결의 여부(적극)

법학전문대학원이 장기간의 논의 끝에 사법개혁의 일환으로 출범하여 2009년 3월초 일제히 개원한 점, 전남대 법학전문대학원도 120명의 입학생을 받아들여 교육을 하고 있는데 인가처분이 취소되면 그 입학생들이 피해를 입을 수 있는 점, 법학전문대학원의 인가 취소가 이어지면 우수한 법조인의 양성을 목적으로 하는 법학전문대학원 제도 자체의 운영에 큰 차질을 빚을 수 있는 점, 법학전문대학원의 설치인가 심사기준의 설정과 각 평가에 있어 법 제13조에 저촉되지 않는 점, 교수위원이 제15차 회의에 관여하지 않았다고 하더라도 그 소속대학의 평가점수에 비추어 동일한 결론에 이르렀을 것으로 보여, 전남대에 대한 이 사건 인가처분을 취소하고 다시 심의하는 것은 무익한 절차의 반복에 그칠 것으로 보이는 점 등을 종합하여, 전남대에 대한 이 사건 인가처분이 법 제13조에 위배되었음을 이유로 취소하는 것은 현저히 공공복리에 적합하지 아니하다(대법원 2009. 12. 10. 2009두8359). ★★

**[판례2]** 폐기물처리업허가신청에대한불허가처분이 위법하여 취소되어 업체의 과당경쟁이 우려되는 경우 사정판결의 가능성(소극)

이 사건 처분의 취소로 인하여 부산 해운대구를 영업구역으로 하여 생활폐기물을 수집·운반하여 온 기존의 동종업체에게 경쟁상대를 추가시킴으로써 일시적인 공급시설의 과잉현상이 나타나 어느 정도의 손해가 발생한 것임은 예상되지만, 그 이상으로 소론과 같이 업체의 난립 및 과당경쟁으로 기존 청소질서가 파괴되어 청소에 관한 안정적이고 효율적인 책임행정의 이행이 불가능하게 된다고는 보이지 아니하므로 이 사건 처분을 취소하는 것이 현저히 공공의 복리에 적합하지 않은 경우에 해당한다고는 할 수 없을 것인바, 같은 취지의 원심판단은 정당하고, 거기에 소론과 같은 사정판결의 요건에 관한 법리오인의 위법이 있다고 할 수 없다(대법원 1998. 5. 8. 98두4061). ★★

**[판례3]** 검사장에 대한 면직처분이 위법하다고 하더라도 검찰의 후속인사가 이루어진 경우 사정판결의 가능성(소극)

이 사건 징계처분 이후 검찰에 후속인사가 단행되어 원고보다 사법시험 뒷 기수인 새로운 검찰총장이 임명되고, 고등검찰청 검사장으로 보하는 직책 모두에도 새로운 검사장들이 보직되었으며, 이 사건 징계결정에 참여한 징계위원들 상당수가 검찰총장을 비롯한 검찰의 중요 간부직을 맡고 있어, 엄격한 상명하복관계를 이루고 있는 검찰조직의 특성에 비추어 볼 때, 원고의 복직이 검찰 내부의 조직의 안정과 인화를 도모하는 데 바람직하지 않은 요소로 작용할 가능성이 없지 않으나, 이는 검찰 내부에서 조정·극복하여야 할 문제일 뿐, 이를 준사법기관인 검사에 대한 위법한 면직처분을 취소할 필요성을 부정할 만큼 현저히 공공복리에 반하는 사태에 해당한다고 볼 수는 없으므로, 이 사건은 사정판결을 할 경우에 해당하지 않는다(대법원 2001. 8. 24. 2000두7704). ★

### 3) 효과

#### a. 주문에서 처분의 위법성 명시

사정판결을 하는 경우 법원은 그 판결의 주문에서 그 처분등이 위법함을 명시하여야 한다(행정소송법 제28조 제1항 제2문). 따라서 사정판결은 원고의 청구를 기각하는 판결이지만 처분등이 <sup>+</sup>위법하다는 점에 대해서는 기판력이 발생한다.

#### b. 소송비용의 피고 부담

사정판결은 청구가 이유 있음에도 공익적 사정으로 원고를 패소시키는 것이기 때문에 소송비용은 <sup>+</sup>피고가 부담한다(행정소송법 제32조).

#### c. 사정조사와 원고의 권리구제

법원은 사정판결을 함에 있어서는 미리 원고가 그로 인하여 입게 될 손해의 정도와 배상방법 그 밖의 사정을 조사하여야 하며(행정소송법 제28조 제2항)(사정조사), 원고는 피고인 행정청이 속하는 국가 또는 공공단체를 상대로 손해배상, 제해시설의 설치 그 밖에 적당한 구제방법의 청구를 당해 취소소송등이 계속된 법원에 병합하여 제기할 수 있다(행정소송법 제28조 제3항).

#### d. 불복

사정판결에 대해 패소자인 원고뿐만 아니라 <sup>+</sup>피고도 상소할 수 있다(특히 피고는 구제방법청구가 병합된 경우 상소할 수 있다).

### 4) 사정판결의 적용범위

#### a. 무효등확인소송의 경우

(가) 행정소송법은 취소소송에만 사정판결 규정을 두고 있을 뿐 무효등확인소송에는 준용규정을 두고 있지 않다. 따라서 원고가 무효등확인소송을 제기한 경우 법원이 사정판결을 할 수 있는지가 문제된다.

(나) 판례는「당연무효의 행정처분을 소송목적물로 하는 행정소송에서는 존치시킬 효력이 있는 행정행위가 없기 때문에 행정소송법 제28조 소정의 사정판결을 할 수 없다(대법원 1996. 3. 22. 95누5509)<sup>★★★</sup>」고 한다. 무효인 처분이 사정판결로 유효인 처분이 되는 것은 아니므로 무효등확인소송의 경우 사정판결을 할 수 없다는 판례는 타당하다.

#### b. 부작위위법확인소송의 경우

부작위위법확인소송도 사정판결에 대한 준용규정은 없지만 위법한 처분등에 수반하여 형성되는 법률관계·사실관계 등 기성사실이 발생할 여지가 없으므로 <sup>+</sup>사정판결이 문제되지 않는다.<sup>★★★</sup>

### c. 당사자소송의 경우

당사자소송도 사정판결에 대한 ⁺준용규정은 없다.

## 3. 인용판결

### (1) 의의

인용판결이란 원고의 청구가 이유 있음을 인정하여 처분등을 취소·변경하는 판결을 말한다. 취소소송에서 인용판결은 형성판결이다. 따라서 형성력을 가진다.

### (2) '변경'의 의미

판례는 이 변경에 적극적 변경이 포함되지 않는다고 본다(예를 들어 행정청의 6월영업정지처분이 과중하다고 하더라도 법원은 이를 과징금 100만 원으로 변경하는 판결을 할 수는 없다).

### (3) 일부취소판결

#### 1) 문제점

행정소송법 제4조 제1호는 취소소송을 행정청의 위법한 처분 등을 취소 또는 변경하는 소송으로 규정하고 있는데, 법원은 판결로 위법한 처분 등을 전부취소할 수 있을 뿐만 아니라, ⁺일부취소할 수도 있다. 다만, 어느 경우에 일부취소판결이 가능한지가 문제된다.

#### 2) 일부취소판결의 가능성

##### a. 일부취소판결이 가능한 경우

조세부과처분, 개발부담금부과처분과 같은 기속행위의 경우는 일부취소판결이 가능하다. 즉, 일부 취소되는 부분이 가분성(특정성)이 있고 적법하게 부과될 정당한 부과금액이나 기간을 소송상 산정할 수 있는 가능성이 있다면 일부취소가 가능할 것이다(대법원 1992. 7. 24. 92누4840; 대법원 2004. 7. 22. 2002두868).★★★

##### b. 일부취소판결이 불가능한 경우

###### (ⅰ) 재량행위

과징금부과처분, 영업정지처분과 같은 재량행위의 경우는 권력분립의 원칙과 행정의 1차적 처분권을 보장한다는 면에서 이를 부정하는 것이 일반적인 견해와 판례의 입장이다(대법원 2009. 6. 23. 2007두18062; 대법원 1982. 9. 28. 82누2).★★★

###### (ⅱ) 적법하게 부과될 금액이나 기간을 산출할 수 없는 경우

당사자가 제출한 자료에 의하여 적법하게 부과될 정당한 부과금액이 산출할 수 없을 경우에는 일부취소판결을 할 수 없고 부과처분 전부를 취소할 수밖에 없다(대법원 2004.

7. 22. 2002두868).<sup>★★★</sup>

## 제2 판결의 효력

행정소송의 판결의 효력과 민사소송의 그것과 크게 다르지 않다. 다만 행정소송의 특수성이 존재하는바 판결의 효력에 관해 행정소송법은 제29조와 제30조를 두고 있다. 그리고 판결의 효력은 효력이 미치는 대상과 내용에 따라 자박력, 형식적 확정력, 실질적 확정력, 형성력, 기속력으로 구분될 수 있다.

---

### ◆ 쟁점 판결의 확정시기★★★

행정소송법 제29조 제1항과 제30조 제1항은 '처분등을 취소하는 "확정판결"'이라고 규정하는데, 일반적으로 판결은 상소가 인정되지 않을 때 확정된다. 예를 들어 상소기간이 경과하거나 상소를 포기한 경우 판결은 확정된다.

---

### Ⅰ. 자박력(불가변력)(자기구속력)

법원이 판결을 선고하면 선고한 법원 자신도 판결의 내용을 취소·변경하지 못하는 구속력이 발생하는데 이를 자박력이라 한다.

### Ⅱ. 형식적 확정력(불가쟁력)

상소의 포기, 상소제기기간의 경과 등으로 판결이 확정되면 판결에 불복하는 자는 더 이상 상소로써 다툴 수 없어 상소법원이 판결을 취소할 수 없는 구속력을 형식적 확정력이라 한다.

### Ⅲ. 기판력(실질적 확정력)

#### 1. 의의

판결이 확정되면 당사자와 법원은 후소(後訴)에서 그 확정판결의 내용과 모순되는 주장·판단을 할 수 없는 구속력이 발생하는데 이를 기판력이라고 한다(예를 들어 갑에 대한 A라는 처분에 대해 법원이 적법하다는 확정판결이 있었다면, 후소에서 당사자와 법원은 동일한 A처분의 위법을 주장하거나 위법하다는 판단할 수 없다). 본안판결은 <sup>✦</sup>인용판결이든 기각판결이든 묻지 않고 기판력이 발생하며, 형성·확인·이행판결 모두 인정된다. 각하판결도 소송 요건에 흠결이 있어 소가 부적법하다는 판단에 한정하여 기판력이 발생할 수 있다(따라서 각하판결 이후 소송요건을 충족하면 동일한 소송물에 대해 다시 소를 제기할 수 있다).

## 2. 취지

기판력은 재판 간의 모순 방지와 동일한 사항에 대한 소송의 반복방지라는 법적 안정성 때문에 인정된 것이다(만일 앞의 예에서 후소법원이 동일한 A처분에 대해 위법하다고 판단한다면 국민은 법원의 확정판결을 신뢰하지 않을 것이고, 법적 안정성이 위협받을 것이다).

## 3. 법적 근거

행정소송법에는 기판력에 대한 ✛명시적 규정이 없다. 그러나 행정소송법 제8조 제2항에 따라 민사소송법 제216조(기판력의 객관적 범위)(① 확정판결은 주문에 포함된 것에 한하여 기판력을 가진다)와 제218조(기판력의 주관적 범위)(① 확정판결은 당사자, 변론을 종결한 뒤의 승계인(변론 없이 한 판결의 경우에는 판결을 선고한 뒤의 승계인) 또는 그를 위하여 청구의 목적물을 소지한 사람에 대하여 효력이 미친다)가 준용된다.

## 4. 범위

### (1) 주관적 범위

기판력은 당사자 및 당사자와 동일시할 수 있는 자(당사자의 승계인)에게만 미치고 ✛제3자에게는 미치지 않는 것이 원칙이다(민사소송법 제218조 참조). 다만 <u>취소소송에서 피고는 처분청이기 때문에 그 처분의 효력이 귀속하는 (처분청이 속한) 국가 또는 공공단체에는 기판력이 미친다</u>(대법원 1998. 7. 24. 98다10854).★★★

### (2) 시간적 범위

법원이 판결을 내리는 데 근거가 되는 자료제출의 시한은 사실심변론종결시이므로 사실심변론종결시를 기준으로 기판력이 발생된다.★★★

### (3) 객관적 범위

㈎ 확정판결의 기판력은 판결의 ✛주문에 나타난 소송물에 대한 판단에 미친다(취소판결의 기판력은 <u>소송물로 된 행정처분의 위법성 존부에 관한 판단 그 자체에만 미치는 것이므로 전소와 후소가 그 소송물을 달리하는 경우에는 전소 확정판결의 기판력이 후소에 미치지 아니하는 것</u>(대법원 1996. 4. 26. 95누5820); <u>과세처분취소소송의 소송물은 그 취소원인이 되는 위법성 일반</u>(대법원 1990. 3. 23. 89누5386)).★★★ 즉, 처분이 ✛적법하다는 점 또는 위법하다는 점에 대해 기판력이 발생한다. 또한 기판력은 처분의 위법성 일반(성문법, 불문법 등의 모든 법의 위반을 말

함)에 대한 판단에 미치기 때문에 개개의 위법사유에 관한 주장은 단순한 공격방어방법에 지나지 않는다.

(나) ① 처분에 대한 취소소송 또는 무효확인소송에서 인용판결이 확정되면(그 처분은 위법·무효이므로) 후소에서 원고나 피고 행정청은 모두 그 처분이 적법·유효하다는 주장을 할 수 없다.★★★ ② 또한, 처분의 취소청구나 무효확인청구를 기각하는 판결이 확정되면 처분이 적법하다는 점이나 무효가 아니라는 점에 기판력이 발생한다. 따라서 ⓐ 취소소송에서 본안패소의 판결이 확정된 경우는 처분이 적법·유효함이 확정된 것이므로 그 기판력은 무효확인소송에도 미친다(대법원 1992. 12. 8. 92누6891).★★★ ⓑ 그러나 무효확인소송에서 본안패소 판결이 확정되더라도 무효가 아니라는 점이 확정된 것이므로 취소소송에는 기판력이 미치지 않아 제소요건만 구비된다면 다시 취소소송을 제기할 수 있다.★★

(다) 전소와 후소가 그 소송물을 달리하는 경우에는 전소확정판결의 기판력이 후소에 미치지 아니함이 원칙이다. 다만 전소와 후소의 소송물이 동일하지 아니하여도 전소의 주문에 포함된 법률관계가 후소의 선결관계(선결문제)가 되는 때에는 전소 판결의 기판력은 후소에 영향을 미칠 수 있다(아래의 [쟁점] 참조).

### ◆ 쟁점 확정판결의 기판력이 후소인 국가배상청구소송에서 위법성 판단을 구속하는지 여부

(예를 들어 위법한 운전면허취소처분에 대해 취소소송을 제기하여 취소판결을 받은 후, 동일한 운전면허취소처분으로 발생한 손해에 대해 국가배상청구소송을 제기한 경우, 후소법원인 국가배상청구소송의 수소법원은 국가배상청구권의 성립요건 중 위법성을 판단함에 있어 전소의 취소판결에 구속되는지의 문제이다)

#### 1. 문제 상황

다수설에 따르면 취소소송의 소송물은 처분의 위법성이며, 국가배상청구소송의 소송물은 국가배상청구권의 존부인바, 확정판결의 기판력은 국가배상청구소송에 미치지 않음이 일반적인 논리이다(기판력의 객관적 범위는 소송물이므로). 다만, 전소와 후소의 소송물이 동일하지 아니하여도 전소의 기판력 있는 법률관계(앞의 예에서 운전면허취소처분의 위법성)가 후소의 선결관계가 되는 때에는 전소 판결의 기판력이 후소에 미칠 수 있다(앞의 예에서 후소법원은 국가배상청구소송의 소송물인 국가배상청구권의 존부를 판단하기에 앞서 국가배상청구권의 성립요건 중 공무원의 직무행위 — 사안에서는 운전면허취소처분 — 의 위법성을 먼저 판단해야 한다. 그러나 운전면허취소처분의 위법성은 전소(운전면허취소처분취소소송)에서 확인되었기 때문에, 후소법원이 공무원의 직무행위의 위법성을 판단함에 있어 전소판결의 구속력이 미칠 수 있는 것이다). 그러나 취소소송의 소송물을 어떻게 볼 것인지, 취소소송에서의 위법성과 국가배상청구소송에서의 위법성의 본질이 동일한지 등에 따라 결론은 달라진다.

## 2. 취소소송의 소송물

처분의 위법성 일반으로 보는 견해가 다수설·판례의 입장이다. 여기서 '위법'이란 외부효를 갖는 법규(성문법 및 불문법) 위반을 말한다.

## 3. 확정판결의 기판력이 국가배상청구소송에 영향을 미치는지 여부

### (1) 학설

#### 1) 국가배상법 제2조 제1항의 위법을 법규위반으로 보지 않는 견해(취소소송에서의 위법과 국가배상청구소송에서의 위법의 본질이 다르다는 견해)

취소소송과 국가배상청구소송에서의 위법의 의미가 질적으로 다르다는 견해는 양 소송이 선결관계가 되지 않기 때문에 확정판결의 기판력은 국가배상청구소송에 영향을 미치지 않는다고 본다(기판력 부정설).

#### 2) 국가배상법 제2조 제1항의 위법을 법규위반으로 보는 견해(취소소송에서의 위법과 국가배상청구소송에서의 위법의 본질이 같다는 견해)

이 견해는 국가배상청구에서 위법을 취소소송의 위법과 같이 공권력행사의 법규위반 여부를 기준으로 한다. 그러나 이 견해에도 ⓐ 취소소송의 위법과 국가배상청구소송에서의 위법이 양적으로도 같다는 일원설(협의설)과 ⓑ 취소소송의 위법보다 국가배상청구소송의 위법이 더 넓다는 이원설(광의설)이 있다.

#### a. 취소소송의 위법과 국가배상청구소송의 위법이 양적으로도 같다는 견해(일원설)

양 위법이 질적·양적으로 일치되므로 확정판결의 기판력은 인용이든 기각이든 국가배상청구소송에 영향을 미친다고 본다(기판력 긍정설).

#### b. 취소소송의 위법보다 국가배상청구소송의 위법이 더 광의라는 견해(이원설)

이 견해는 위법의 범위를 일원설이 말하는 엄격한 의미의 법규위반뿐 아니라 인권존중·권력남용금지·신의성실의 원칙 위반도 위법으로 보아 취소소송의 위법보다 국가배상청구소송의 위법을 더 광의로 본다. 이 견해에 따르면 취소소송의 '인용' 판결은 기판력이 국가배상청구소송에 영향을 미치지만, '기각' 판결은 국가배상청구소송의 위법이 더 광의이므로 기판력이 미치지 않는다고 본다(제한적 긍정설)(다수설).

## Ⅳ. 형성력

### 1. 의의·근거

㈎ 형성력이란 취소판결과 같이 형성판결이 확정되면 행정청에 의한 특별한 의사표시 내지 절차 없이 당연히 행정법상 법률관계의 발생·변경·소멸(취소판결의 경우 소멸)을 가져오는 효력을 말한다(예를 들어 갑이 경쟁자인 을에게 발령된 여객자동차운수사업면허처분에 대해 취소소송을 제기하여 취소판결이 확정되면 특별한 절차 없이 을에게 발령된 여객자동차운수사업면허처분은 소멸한다).

㈏ 명시적이진 않지만, 행정소송법 제29조 제1항(처분등을 취소하는 확정판결은 제3자에게 대해서도 효력이 있다)은 간접적으로 취소판결의 형성력을 인정한 것으로 볼 수 있다(행정소송법 제29조 제1항은 형성력의 주관적 범위에 관한 규정이다).

### 2. 내용

#### (1) 형성효

형성효란 처분에 대한 취소의 확정판결이 있으면 그 이후에는 행정처분의 취소나 통지 등의 별도의 절차를 요하지 않는 효과를 말한다.

#### (2) 소급효

취소판결의 형성력은 처분이 발령된 시점으로 소급하여 행정법상 법률관계의 소멸(변경)을 가져온다.

---

**판례**

**과세처분취소 판결의 확정후에 발령한 당초 과세처분에 대한 경정처분의 효력(무효)**

과세처분을 취소하는 판결이 확정되면 그 과세처분은 처분시에 소급하여 소멸하므로 그 뒤에 과세관청에서 그 과세처분을 경정하는 경정처분을 하였다면 이는 존재하지 않는 과세처분을 경정한 것으로서 그 하자가 중대하고 명백한 당연무효의 처분이다(대법원 1989. 5. 9. 88다카16096). ★★

---

#### (3) 제3자효

##### 1) 의의

소송당사자 간에 당연히 발생하는 취소판결의 형성력은 제3자에 대해서도 발생한다(행정소송법 제29조). 이처럼 형성력이 제3자에게도 미치는 까닭에 소송에 참가하지 않았던 제3자의 보호를 위한 제3자의 소송참가(행정소송법 제16조), 제3자의 재심청구(행정소송법 제31조) 등의 제도가 인정되는 것이다(제3자의 재심청구는 후술함).

### 2) 제3자의 범위

'제3자'란 당해 판결에 의하여 권리 또는 이익에 영향을 받는 이해관계인을 말한다. 즉, 당해 처분에 직접적인 이해관계 있는 제3자(예를 들어 복효적 행정행위의 경우), 일반처분에서 처분의 효력을 동일하게 받았던 제3자 등이 포함된다.

### 3) 제3자효의 확장

제3자에 대한 효력은 <sup>+</sup>집행정지결정·집행정지결정취소(행정소송법 제29조 제2항)나 <sup>+</sup>무효등확인소송과 부작위위법확인소송의 경우에도 준용된다(행정소송법 제38조 제1항, 제2항).★★

## V. 기속력

### 1. 기속력의 개념

#### (1) 의의

기속력이란 처분등을 취소하는 확정판결이 당사자인 행정청과 관계행정청에 대하여 판결의 취지에 따라야 할 실체법상의 의무를 발생시키는 효력을 말한다(행정소송법 제30조 제1항). 그리고 기속력은 <sup>+</sup>인용판결에만 미치고 기각판결에서는 인정되지 않는다. 따라서 기각판결은 기속력이 미치지 않기 때문에 처분청은 기각판결이 확정된 후에 해당 처분을 직권으로 취소할 수 있다.

#### (2) 기판력과 구별

ⓐ 기속력은 인용판결에서의 효력이지만, 기판력은 모든 본안판결에서의 효력이라는 점, ⓑ 기속력은 당사자인 행정청과 그 밖의 관계행정청에 미치지만, 기판력은 당사자와 후소법원에 미친다는 점, ⓒ 기속력은 일종의 실체법적 효력이지만, 기판력은 소송법적 효력이라는 점에서 양자는 구별된다(다수설).

### 2. 기속력의 범위(요건)

아래의 기속력의 범위에 모두 포함되어야 기속력이 발생한다(아래의 세 가지 범위를 모두 충족해야 한다). 행정청 및 관계행정청에게 기속력이 발생하면 내용은 후술하는 기속력의 내용으로 결정된다(기속력은 인용판결에만 미치는 것이므로 기속력이 미치는 범위(사유)에서는 행정청이 재처분을 할 수 없고, 기속력이 미치지 않는 범위에서는 재처분이 가능하다. 따라서 기속력의 범위와 재처분이 가능한 범위는 반비례가 된다).

## (1) 주관적 범위

처분을 취소하는 확정판결은 그 사건(취소된 처분)에 관하여 당사자인 행정청과 그 밖의 관계 행정청을 기속한다(행정소송법 제30조 제1항). 여기서 '그 밖의 관계 행정청'이란 취소된 처분등을 기초로 하여 그와 관련되는 처분이나 부수되는 행위를 할 수 있는 행정청을 총칭한다. 따라서 피고인 행정청과 동일한 행정주체에 속하지 않아도 무방하며, 대등한 관계의 행정청이든 상하관계에 있는 행정청이든 불문한다.★

## (2) 시간적 범위

㈎ 처분의 위법성 판단의 기준시점을 어디로 볼 것이냐에 따라 기속력이 미치는 시간적 범위가 결정된다. 판례는 행정소송에서 행정처분의 위법 여부는 <u>행정처분이 있을 때의 법령과 사실상태를 기준으로 하여 판단해야 한다</u>고 본다(처분시설)(대법원 1993. 5. 27. 92누19033).★★★

㈏ 처분시설에 따르면 처분시에 존재하던 사유만이 기속력이 미치는 처분사유가 된다. 따라서 <u>처분시 이후의 새로운 사정은 기속력이 미치지 않으므로 행정청은 새로운 사정을 근거로 재처분할 수 있다</u>(대법원 1998. 1. 7. 97두22).★★★

## (3) 객관적 범위

기속력은 판결의 <sup>+</sup>주문 및 <sup>+</sup>이유에서 판단된 처분등의 구체적 위법사유에만 미친다(대법원 2001. 3. 23. 99두5238).★★★

### 1) 절차나 형식의 위법이 있는 경우

절차나 형식에 위법이 있는 경우 판결의 기속력은 판결에 적시된 개개의 위법사유에 미치기 때문에 확정판결 후 행정청이 판결에 적시된 절차나 형식의 위법사유를 보완한 경우에는 다시 동일한 내용의 처분을 하더라도 기속력에 위반되지 않는다(<u>과세의 절차 내지 형식에 위법이 있어 과세처분을 취소하는 판결이 확정되었을 때는 그 확정판결의 기판력은 거기에 적시된 절차 내지 형식의 위법사유에 한하여 미치는 것이므로 과세관청은 그 위법사유를 보완하여 다시 새로운 과세처분을 할 수 있고 그 새로운 과세처분은 확정판결에 의하여 취소된 종전의 과세처분과는 별개의 처분이라 할 것이어서 확정판결의 기판력에 저촉되는 것이 아니다</u>(대법원 1987. 2. 10. 86누91)).★★★

### 2) 내용상 위법이 있는 경우

#### a. 범위

이 경우 판결의 주문 및 이유에서 판단된 처분의 구체적 위법사유는 처분사유의 추가·변경과 마찬가지로 <u>판결주문 및 이유에서 판단된 위법사유와 기본적 사실관계가 동</u>

일한 사유를 말한다(예를 들어 당초사유인 A사유와 추가·변경하려는 B사유가 기본적 사실관계의 동일성이 있는 사유이어서 취소소송 계속 중 A사유에 B사유를 추가·변경할 수 있었음에도 행정청이 이를 하지 않아 행정청이 패소하였다면, 확정판결 후에는 B사유로는 행정청이 재처분을 할 수 없도록 해야 한다 ─ B사유를 추가·변경하지 않음으로써 패소한 것은 행정청의 귀책사유이기 때문에 ─. 따라서 B사유로의 재처분을 막으려면 B사유에 기속력이 미치게 하면 된다. 결국 기속력의 범위는 A사유와 기본적 사실관계의 동일성 있는 B사유로, 처분사유의 추가·변경의 범위와 같게 된다). 따라서 당초처분사유와 기본적 사실관계가 동일하지 않은 사유라면 동일한 내용의 처분을 하더라도 판결의 기속력에 위반되지 않는다(예를 들어 A사유의 운전면허취소와 B사유의 운전면허 취소).

### b. 기본적 사실관계의 동일성 판단

(가) 판례는 기본적 사실관계의 동일성 유무는 처분사유를 법률적으로 평가하기 이전의 구체적인 사실에 착안하여 그 기초인 사회적 사실관계가 기본적인 점에서 동일한지 여부에 따라 결정된다고 한다. 구체적인 판단은 시간적·장소적 근접성, 행위의 태양(모습)·결과 등의 제반사정을 종합적으로 고려해야 한다.

(나) 즉, 처분청이 처분 당시에 적시한 구체적 사실을 변경하지 아니하는 범위 내에서 단지 그 처분의 근거법령만을 추가·변경하거나 당초의 처분사유를 구체적으로 표시하는 것에 불과한 경우처럼 처분사유의 내용이 공통되거나 취지가 유사한 경우에는 기본적 사실관계의 동일성을 인정하고 있다(대법원 2007. 2. 8. 2006두4899). ★★★

(다) 판례는 시장이 주택건설사업계획승인신청을 거부하면서 제시한 '미디어밸리 조성을 위한 시가화예정 지역'이라는 당초거부사유와 거부처분취소판결확정 후 다시 거부처분을 하면서 제시한 '해당 토지 일대가 개발행위허가 제한지역으로 지정되었다'는 사유는 기본적 사실관계의 동일성이 없기 때문에 재거부처분은 확정판결의 기속력에 반하지 않는 처분이라고 보았다(대법원 2011. 10. 27. 2011두14401). ★★★

## 3. 기속력의 내용(효과)

### (1) 반복금지의무(반복금지효)

반복금지의무란 처분이 위법하다는 이유로 취소하는 판결이 확정된 후 당사자인 행정청 등이 동일한 처분을 반복해서는 안 되는 부작위의무를 말한다(예를 들어 A라는 사유로 갑에 발령했던 운전면허취소처분이 위법하다는 판결이 확정되면 행정청은 동일한 A사유로 갑의 운전면허를 취소해서는 아니 된다)(이 의무는 행정소송법 ⁺제30조 제1항의 해석상 인정된다).

## (2) 재처분의무

재처분의무란 행정청이 판결의 취지에 따라 신청에 대한 처분을 하여야 할 작위의무를 말한다. 재처분의무는 행정청이 당사자의 신청을 거부하거나 부작위하는 경우 주로 문제된다(즉 당사자의 신청이 있는 경우)(행정소송법 제30조 제2항, 제38조 제2항 참조).

### 1) 거부처분취소판결이 확정된 경우

행정소송법 제30조 제2항은 거부처분취소판결이 확정된 경우 별도의 신청이 없어도 행정청은 판결의 취지에 따라 다시 이전의 신청에 대한 처분을 할 것을 규정하고 있다. 구체적으로 보면 이 재처분의무는 ㉠ 재처분을 해야 하는 의무와 ㉡ 재처분을 하는 경우 그 재처분은 판결의 취지에 따른(=판결의 기속력에 위반되지 않는) 것이어야 하는 의무, 양자를 포함하는 개념이다(예를 들어 행정청으로부터 A라는 사유로 건축허가거부처분을 받은 갑이 취소소송을 제기하여 거부처분취소판결이 확정되면, 행정청은 재처분을 해야 할 처분의무를 부담하며(㉠) 동시에 재처분을 하더라도 — 다른 사유로 다시 거부처분이 발령될 여지는 있지만 — 취소판결에서 위법사유로 판단된 'A사유'로는 다시 거부처분을 할 수 없다(㉡)).

### 2) 절차의 위법을 이유로 처분이 취소되는 경우

㈎ ⁺행정소송법 제30조 제3항은 신청에 따른 처분이 단지 절차의 위법을 이유로 취소되는 경우 행정청의 재처분의무를 규정하고 있는데, 이는 주로 신청이 받아들여짐으로써 불이익을 받는 제3자(예: 경원자소송에서 거부처분을 받은 자)에 의한 소제기에 의해서 인용처분이 단지 절차상의 위법으로 취소되는 경우의 재처분의무를 말한다(예를 들어 경원자관계에 있는 갑과 을의 신청에 대해, 을에게 허가처분이 발령되었지만 그 허가처분에 절차상 위법이 있어 갑이 취소소송을 제기하여 을에 대한 허가처분이 취소되었다고 해도, 판결의 취지는 단지 절차상 위법에 불과하기 때문에, 판결의 취지에 따라 — 절차상 위법을 제거하고 — 재처분을 하라는 것이다). 여기서 '절차의 위법'이란 좁은 의미의 절차상 위법뿐만 아니라 주체·형식 등의 위법을 포함하는 넓은 의미이다.

㈏ 신청에 따른 (인용) 처분(앞의 예에서 허가처분)이 단지 절차상의 위법사유로 인해 취소된 경우 판결의 취지에 따라 행정청이 재처분(허가처분)을 해야 한다면 원래의 신청(앞의 예에서 허가신청)이 다시 인용될 수 있기 때문에 신청인(을)에게 재처분의 이익이 있는 것이다.

## (3) 결과제거의무(원상회복의무)

취소소송의 경우 인용판결이 있게 되면 행정청은 위법처분으로 인해 야기된 상태를 제거하여야 할 의무인 결과제거의무가 발생한다(예를 들어 위법한 자동차 압류처분에 대해 취소판결이 확정되면, 그 확정판결에는 행정청의 위법한 자동차 점유(위법한 사실상태)를 제거하라는 취지도 포함되어 있다고 본다). 이러한 의무는 행정소송법 *제30조 제1항의 해석상 인정되는 행정청의 의무이다.

## 4. 기속력의 위반

### (1) 반복금지의무에 위반

반복금지의무에 위반하여 동일한 처분을 다시 한 경우 이러한 처분은 그 하자가 중대명백하여 무효이다(통설, 판례).★★★

### (2) 재처분의무에 위반 — 간접강제

재처분의무에 위반하는 경우 사인은 행정소송법 제34조에 따라 법원에 간접강제를 신청할 수 있다.

---

**참고**

**판결의 집행력★**

(가) 집행력이란 이행판결에서 명령된 이행의무를 강제집행절차를 통해 실현할 수 있는 효력을 말한다. 당사자소송의 경우 이행판결이 가능하고, 행정소송법 제8조 제2항에 따라 민사집행법이 준용되므로 강제집행이 가능하다.

(나) 처분의 취소 또는 무효확인을 구하는 항고소송에서는 그 처분이 취소되거나 무효가 확인되면 원고는 완전한 권리구제를 받기 때문에 특별히 강제집행절차를 필요로 하지 않는다. 그러나 거부처분에 대해 취소소송을 제기하거나 부작위위법확인소송을 제기하여 인용판결이 확정되었음에도 행정청이 재처분의무를 이행하지 않고 있는 경우 이를 강제할 수단이 필요하게 된다. 이에 행정소송법은 간접강제를 규정하고 있다.

---

### 1) 간접강제의 의의

간접강제란 거부처분취소판결이나 부작위위법확인판결이 확정되었음에도 행정청이 행정소송법 제30조 제2항의 판결의 취지에 따른 처분을 하지 않는 경우 판결의 실효성을 확보하기 위해 법원이 행정청에게 일정한 배상을 명령하는 제도를 말한다(행정소송법 제34조 제1항, 제38조 제2항).

### 2) 요건

#### a. 거부처분취소판결 등이 확정되었을 것

거부처분취소판결 등이 확정되었을 것을 요한다. 거부처분취소판결이나 부작위위법확인판결이 확정되거나 신청에 따른 처분이 절차위법을 이유로 취소가 확정되어야 한다(행정소송법 제30조 제2항·제3항, 제38조 제2항).

### b. 행정청이 판결의 취지에 따른 재처분의무를 이행하지 않았을 것

(가) 행정청이 판결의 취지에 따른 재처분의무를 이행하지 않아야 한다. 즉, 행정청이 아무런 처분을 하지 않고 있을 때라야 간접강제가 가능하다.

(나) 또한, 판결의 취지에 따르지 않고 기속력에 위반되는 사유로 다시 거부처분등을 한 경우 그러한 거부처분은 무효이고, 이 경우 행정청은 행정소송법 제30조 제2항의 판결의 취지에 따른 재처분의무를 이행하지 않은 것이므로 사인은 간접강제를 신청할 수 있다(거부처분에 대한 취소의 확정판결이 있음에도 행정청이 아무런 재처분을 하지 아니하거나, 재처분을 하였다 하더라도 그것이 종전 거부처분에 대한 취소의 확정판결의 기속력에 반하는 등으로 당연무효라면 이는 아무런 재처분을 하지 아니한 때와 마찬가지라 할 것이므로 이러한 경우에는 위 규정에 의한 간접강제신청에 필요한 요건을 갖춘 것으로 보아야 할 것이다(대법원 2002. 12. 11. 2002무22)). ★★★

### 3) 배상금의 법적 성격과 배상금의 추심

① 행정소송법 제34조 소정의 간접강제결정에 기한 배상금은 확정판결의 취지에 따른 재처분의 지연에 대한 제재나 손해배상이 아니고 재처분의 이행에 관한 심리적 강제수단에 불과한 것으로 보아야 하므로, ② 간접강제결정에서 정한 의무이행기한이 경과한 후에라도 확정판결의 취지에 따른 재처분이 행하여지면 배상금을 추심함으로써 심리적 강제를 꾀한다는 당초의 목적이 소멸하여 처분상대방이 더 이상 배상금을 추심하는 것이 허용되지 않는다(대법원 2010. 12. 23. 2009다37725). ★★★

### 4) 간접강제의 절차(행정소송법 제34조 제1항)

#### a. 관할법원

간접강제는 +제1심수소법원이 결정한다.

#### b. 당사자의 신청

행정청이 판결의 취지에 따른 처분을 하지 아니하는 때에는 당사자는 제1심수소법원에 간접강제를 신청한다.

#### c. 간접강제 결정 내용

제1심수소법원은 ⓐ 상당한 기간을 정하고 행정청이 그 기간 내에 이행하지 아니하는 때에는 그 지연기간에 따라 일정한 배상을 할 것을 명하거나 ⓑ +즉시 손해배상을 할 것을 명할 수 있다.

### 5) 간접강제의 효과

간접강제결정은 피고 또는 참가인이었던 행정청이 소속하는 국가 또는 공공단체에 그 효력을 미친다. 그리고 +간접강제결정은 변론 없이도 할 수 있다. 다만 변론을 열지 않고 결정하는 경우 처분의무 있는 행정청을 심문하여야 한다(행정소송법 제34조 제2항 '행정소송법 제33조와 민사집행법 제262조의 규정은 제1항의 경우에 준용한다' 참조).

### 6) 간접강제의 적용범위

㈎ 행정소송법은 거부처분취소판결에 따른 재처분의무에 대한 간접강제를 규정하고, 이를 부작위위법확인판결의 경우에 준용하고 있다(행정소송법 제38조 제2항).

㈏ 그러나 거부처분에 대한 무효확인판결에 재처분의무를 규정하고 있음에도(행정소송법 제38조 제1항, 제30조 제2항), 무효등확인판결에는 간접강제의 준용규정이 없어 무효등확인판결에도 간접강제가 허용되는지가 문제된다. 판례는 행정소송법 제38조 제1항이 무효확인판결에 관하여 행정소송법 재처분의무 규정(행정소송법 제30조 제2항)은 준용하지만, 간접강제 조문(행정소송법 제34조)을 준용하지 않음을 근거로 거부처분무효확인판결에 대한 간접강제를 부정한다(대법원 1998. 12. 24. 98무37).★★★

## (3) 결과제거의무에 위반

행정청은 위법한 처분에 의해 야기된 위법한 사실상태를 제거하여야 할 의무를 부담하며 이를 이행하지 않는 경우 인용판결의 원고는 결과제거를 청구할 수 있다.

## 제3 기타 사항

## Ⅰ. 명령·규칙에 대한 위헌·위법판결의 공고

행정소송에 대한 대법원판결에 의하여 명령·규칙이 헌법 또는 법률에 위반된다는 것이 확정된 경우에는 대법원은 지체없이 그 사유를 ✚행정자치부장관에게 통보하여야 한다. 그리고 통보를 받은 행정자치부장관은 지체없이 이를 관보에 게재하여야 한다(행정소송법 제6조).

## Ⅱ. 제3자에 의한 재심청구

### 1. 의의

㈎ 제3자의 재심이란 처분등을 취소하는 판결에 의하여 권리 또는 이익의 침해를 받은 제3자가 자기에게 책임 없는 사유로 소송에 참가하지 못함으로써 판결의 결과에 영향을 미칠 공격 또는 방어방법을 제출하지 못하고 판결이 확정된 경우 이 확정판결에 대한 취소와 동시에 판결 전 상태로 복구시켜줄 것을 구하는 불복방법을 말한다(행정소송법 제31조). 이는 행정소송법 제29조 제1항(제38조 제1항·제2항)에서 취소판결의 제3자효를 규정하고 있기 때문이다.

㈏ 즉 취소판결의 효력(형성력)을 받은 제3자는 불측의 손해를 입지 않기 위해 소송

참가를 할 수도 있으나(행정소송법 제16조 참조) 본인에게 귀책사유 없이 소송에 참가하지 못하는 경우도 있을 수 있으므로 그런 경우 제3자의 불이익을 구제하기 위한 방법이 재심청구제도이다. 그리고 당사자가 제기하는 ⁺일반적인 재심은 민사소송법 제451조가 적용된다(행정소송법 제8조 제2항)(민사소송법 제451조 (재심사유) ① 다음 각호 가운데 어느 하나에 해당하면 확정된 종국판결에 대하여 재심의 소를 제기할 수 있다. 다만, 당사자가 상소에 의하여 그 사유를 주장하였거나, 이를 알고도 주장하지 아니한 때에는 그러하지 아니하다. 1. 법률에 따라 판결법원을 구성하지 아니한 때  2. 법률상 그 재판에 관여할 수 없는 법관이 관여한 때  3. 법정대리권·소송대리권 또는 대리인이 소송행위를 하는 데에 필요한 권한의 수여에 흠이 있는 때. 다만, 제60조 또는 제97조의 규정에 따라 추인한 때에는 그러하지 아니하다.  4. 재판에 관여한 법관이 그 사건에 관하여 직무에 관한 죄를 범한 때  5. 형사상 처벌을 받을 다른 사람의 행위로 말미암아 자백을 하였거나 판결에 영향을 미칠 공격 또는 방어방법의 제출에 방해를 받은 때  6. 판결의 증거가 된 문서, 그 밖의 물건이 위조되거나 변조된 것인 때  7. 증인·감정인·통역인의 거짓 진술 또는 당사자신문에 따른 당사자나 법정대리인의 거짓 진술이 판결의 증거가 된 때  8. 판결의 기초가 된 민사나 형사의 판결, 그 밖의 재판 또는 행정처분이 다른 재판이나 행정처분에 따라 바뀐 때  9. 판결에 영향을 미칠 중요한 사항에 관하여 판단을 누락한 때  10. 재심을 제기할 판결이 전에 선고한 확정판결에 어긋나는 때  11. 당사자가 상대방의 주소 또는 거소를 알고 있었음에도 있는 곳을 잘 모른다고 하거나 주소나 거소를 거짓으로 하여 소를 제기한 때).

## 2. 재심청구의 요건

### (1) 재심의 전제조건

행정소송법 제31조에 명시되어 있지는 않지만, 재심은 처분등을 취소하는 종국판결의 확정을 전제로 한다.

### (2) 당사자

⑺ 재심청구의 원고는 처분등을 취소하는 판결에 의해 권리 또는 이익의 침해를 받은 제3자이다. 여기서 '처분등을 취소하는 판결에 의하여 권리 또는 이익의 침해를 받은 제3자'란 행정소송법 제16조 제1항에서 소송참가를 할 수 있는 '소송의 결과에 따라 권리 또는 이익의 침해를 받을 제3자'와 같은 의미라는 것이 다수견해이다.

⑻ 행정소송법 제31조 제1항을 분설하면, ⓐ '처분등을 취소하는 판결'에 의하여 권리 또는 이익의 침해를 받는다는 것은 취소판결의 형성력이 미침으로써 권리 또는 이익의 침해를 받는 것을 말한다. ⓑ '권리 또는 이익'이란 단순한 경제상의 이익이 아니라 법률상 이익을 의미한다. ⓒ 판결에 의하여 권리 또는 이익의 '침해를 받은' 제3자라야 한다. ⓓ '제3자'란 당해 소송당사자 이외의 자를 말하는 것으로서 개인에 한하지 않고

국가 또는 공공단체도 포함되나, 행정청은 권리나 이익을 침해 받을 수 없어 해당되지 않는다.

### (3) 재심사유

① 자기에게 책임 없는 사유로 소송에 참가하지 못한 경우이어야 한다. '자기에게 책임 없는 사유'의 유무는 사회통념에 비추어 제3자가 당해 소송에 참가를 할 수 없었던 데에 자기에게 귀책시킬 만한 사유가 없었는지의 여부에 의하여 사안에 따라 결정되어야 하고, 제3자가 종전 소송의 계속을 알지 못한 경우에 그것이 통상인으로서 일반적 주의를 다하였어도 알기 어려웠다는 것과 소송의 계속을 알고 있었던 경우에는 당해 소송에 참가를 할 수 없었던 특별한 사정이 있었을 것을 필요로 한다. 또한, 그 입증책임은 재심청구인인 제3자가 부담한다(대법원 1995. 9. 15. 95누6762).★★

② 판결의 결과에 영향을 미칠 공격 또는 방어방법을 제출하지 못하였을 것을 요한다.

### (4) 재심청구기간

확정판결이 있음을 안 날로부터 30일 이내, 판결이 확정된 날로부터 1년 이내에 제기하여야 한다.★★★

## 3. 재심법원의 재판

재심재판의 소송절차에 대해서는 민사소송법 제455조는 '재심의 소송절차에는 각 심급의 소송절차에 관한 규정을 준용한다'고 규정하고, 변론과 재판의 범위에 대해 민사소송 제459조 제1항이 '본안의 변론과 재판은 재심청구이유의 범위안에서 하여야 한다'고 규정한다. 따라서 재심에 의한 원판결에 대한 불복의 범위내에서 본안의 변론과 재판을 하여야 하며, 사실심에서는 재심 이유 있음을 전제로 새로운 공격 방어의 방법을 제출 할 수도 있다(대법원 1965. 1. 19. 64다1260).★★

## Ⅲ. 소송비용

소송비용은 민사소송법상의 일반원칙에 따라 패소자가 부담한다. 다만, ✛취소청구가 사정판결에 의하여 기각되거나 행정청이 처분등을 취소 또는 변경함으로 인하여 청구가 각하 또는 기각된 경우에는 소송비용은 피고의 부담으로 한다(행정소송법 제32조). 그리고 소송비용에 관한 재판이 확정된 때에는 피고 또는 참가인이었던 행정청이 소속하는 국가 또는 공공단체에 그 효력을 미친다(행정소송법 제33조).

## 제2목  종국판결 이외의 취소소송의 종료사유

취소소송은 법원의 종국판결에 의하여 종료되는 것이 원칙이나 그 밖의 사유로도 종료될 수 있다. 즉 소의 취하, 청구의 포기·인낙, 재판상의 화해 등의 사유를 들 수 있다. 다만, 해당 종료사유는 행정소송법에는 *명문의 규정이 없다.

### 제1  소의 취하

소의 취하란 원고가 청구의 전부 또는 일부를 철회하겠다는 의사를 법원에 표시하는 것을 말한다. 행정소송에서도 처분권주의에 따라 소의 취하로 취소소송이 종료되는 것은 당연하다.

### 제2  청구의 포기·인낙, 재판상 화해

#### Ⅰ. 의의

㈎ 청구의 포기란 변론 또는 준비절차에서 원고가 자신의 소송상의 청구가 이유 없음을 자인하는 법원에 대한 일방적 의사표시이며, 청구의 인낙이란 피고가 원고의 소송상 청구가 이유 있음을 자인하는 법원에 대한 일방적 의사표시이다. 청구의 포기나 인낙은 조서에 진술을 기재하면 당해 소송의 종료의 효과가 발생한다. 조서가 성립되면 포기조서는 청구기각의, 인낙조서는 청구인용의 확정판결과 동일한 효력이 있다(민사소송법 제220조).

㈏ 재판상 화해란 당사자 쌍방이 소송 계속 중(소송 계속 전도 포함) 소송의 대상인 법률관계에 관한 주장을 서로 양보하여 소송을 종료시키기로 하는 합의를 말한다. 당사자 쌍방의 화해의 진술이 있는 때에는 그 내용을 조서에 기재하면 화해조서는 확정판결과 같은 효력이 있다(민사소송법 제220조).

#### Ⅱ. 항고소송에서 허용 여부

청구의 포기·인낙이나 재판상 화해가 항고소송에서 허용되는가에 대해 ⓐ 처분권주의와 변론주의를 근거로 긍정하는 견해와 ⓑ 법치행정을 이유로 부정하는 견해가 대립된다.

## 제3 당사자의 사망 등

행정소송 중 성질상 승계가 허용되지 않는 소송에서 원고가 사망한 경우, 그리고 성질상 승계가 허용되더라도 소송을 승계할 자가 없는 경우 해당 소송은 종료된다(공무원으로서의 지위는 일신전속권으로서 상속의 대상이 되지 않으므로, 의원면직처분에 대한 무효확인을 구하는 소송은 당해 공무원이 사망함으로써 중단됨이 없이 종료된다(대법원 2007. 7. 26. 2005두15748)).★★ 그러나 취소소송이 제기된 후에 행정청이 없게 된 때에는 그 처분등에 관한 사무가 귀속되는 국가 또는 공공단체를 피고로 하기 때문에(행정소송법 제14조 제6항) 이는 ⁺피고경정사유이며 취소소송의 종료사유는 아니다.★★★

## ● 제1항 개념

### Ⅰ. 의의

(가) 무효등확인소송이란 행정청의 처분등의 효력 유무 또는 존재 여부를 확인하는 소송을 말한다(동법 제4조 제2호). 무효 등의 행위라도 외형상 행정처분이 존재하고 그 처분의 성질상 유효한 효력이 지속하는 것으로 오인될 가능성이 있기 때문에 재판에 의하여 그 효력의 부정을 선언할 필요가 있어 인정되는 것이다. 그리고 무효등확인소송에는 유효확인소송, 무효확인소송, 존재확인소송, 부존재확인소송, 해석상 인정되는 실효확인소송 등이 포함된다.

(나) 처분등은 법률관계의 발생·변경·소멸을 가져오는 원인행위이며, 그 자체가 법률관계는 아니다. 따라서 처분등의 존부확인소송은 법률관계존부확인소송과 구별되어야 한다. 법률관계에 관한 소송은 당사자소송의 대상이다.

### Ⅱ. 성질·소송물

무효등확인소송은 주관적 소송이며, 항고소송이며, 확인소송이다. 그리고 소송물은 처분등의 무효·유효성(중대명백한 위법성 일반) 또는 존재·부존재이다.

## ● 제2항 소송요건

### Ⅰ. 일반론

무효등확인소송도 취소소송과 마찬가지로 소송요건을 구비해야 한다. 따라서 관할권 있는 법원에, 처분등을 대상으로, 원고적격과 피고적격을 갖추고, 권리보호필요성 요건도 갖추고 있어야 한다. 그러나 무효등확인소송의 경우에는 제소기간의 제한이 없고, 행정심판전치가 적용되지 않는다는 점이 취소소송과 다르다. 그리고 이러한 소송요건의 구비 여부는 취소소송과 마찬가지로 원칙적으로 법원의 직권조사사항이다.

## Ⅱ. 대상적격

무효등확인소송도 취소소송의 경우와 같이 처분등을 대상으로 한다(동법 제38조 제1항, 제19조). '처분등'의 의미는 취소소송과 같다.

## Ⅲ. 원고적격

무효등확인소송은 처분등의 효력 유무 또는 존재 여부의 확인을 구할 법률상 이익이 있는 자가 제기할 수 있다(동법 제35조). '법률상 이익이 있는 자'의 의미는 취소소송의 경우와 같다.

## Ⅳ. 권리보호필요성

### 1. 의의

취소소송의 경우와 같이 무효등확인소송의 경우에도 권리보호의 필요가 있어야 한다. 따라서 대상적격과 원고적격이 인정된다면 무효등확인소송의 협의의 소익은 일반적으로는 긍정된다. 그러나 ① 보다 간이한 방법이 있는 경우, ② 원고가 추구하는 권리보호가 오로지 이론상으로만 의미 있는 경우, ③ 소권남용의 금지에 반하는 경우(권리보호필요의 일반 원칙)에는 원칙적으로 권리보호필요성이 부정된다. 다만, 즉시확정의 이익이 필요한지를 아래에서 검토한다.

### 2. 즉시확정의 이익의 필요 여부

#### (1) 문제점

민사소송으로 확인소송을 제기하려면 즉시확정의 이익이 요구된다(즉시확정의 이익이 요구된다는 것은 당사자의 권리 또는 법률상의 지위에 현존하는 불안·위험이 있고 그 불안·위험을 제거함에는 확인판결을 받는 것이 가장 유효·적절한 수단일 때(=확인소송의 보충성)에만 확인소송이 인정된다는 것이다). 따라서 확인소송이 아닌 다른 직접적인 권리구제수단(예를 들면 이행소송)이 있는 경우에는 확인소송이 인정되지 않는다. 즉 확인소송이 보충성을 가지는 것으로 본다(다른 직접적인 소송수단이 있음 → 확인소송은 불가능, 다른 직접적인 소송수단이 없음 → 확인소송은 가능. 예를 들어 민사소송의 경우 갑은 을을 상대로 '매매대금지급청구권 있음을 확인한다'는 확인소송을 제기할 수는 없다. 왜냐하면 보다 직접적인 권리구제수단인 '매매대금을 지급하라'는 이행소송이 있기 때문이다). 그런데 민사소송인 확인소송에 요구되는 즉시확정의 이익이 행정소송인 무효등확인소송의 경우에도 요구되는지가 문제된다(예를 들어 무효인 과세처분을 받고도 이를 납부한 갑이, 납부한 과세액을 반환받기 위해 부당이득반환청구소송을 제기하는 것이 아니라 과세처분무효확인소송을 제기하는 경우를 말한다).

## (2) 판례

대법원은 행정소송은 민사소송과는 목적·취지 및 기능 등을 달리하며, 무효등확인소송에도 확정판결의 기속력규정(행정소송법 제38조, 제30조)을 준용하기에 무효확인판결만으로도 실효성확보가 가능하며, 행정소송법에 명문의 규정이 없다는 점을 이유로 무효등확인소송의 보충성이 요구되지 않는다고 판례를 변경하였다(대법원(전원) 2008. 3. 20. 2007두6342).★★★ 따라서 행정처분의 무효를 전제로 한 이행소송 즉 부당이득반환청구소송 등과 같은 구제수단이 있다고 하더라도 무효등확인소송을 제기할 수 있다고 본다.

## ⊙ 제3항  가구제

본안소송이 무효확인소송인 경우에도 ⁺집행정지는 가능하다(행정소송법 제38조 제1항). 왜냐하면 무효인 처분이라 하더라도 무효 여부는 본안판결이 나오기 전까지는 불확실하며, 본안판결 전에는 무효인 처분과 취소가능한 처분의 구별이 어렵기 때문이다.

## ⊙ 제4항  소송의 심리

## Ⅰ. 심리의 내용과 범위 등

심리의 내용과 범위, 심리의 원칙, 심리절차, 처분의 위법성 판단 기준시, 처분사유의 추가·변경 등은 취소소송과 같다. 다만, 입증책임에 대해 학설이 대립된다.

## Ⅱ. 입증책임

취소소송의 경우 입증책임은 민사소송의 경우와 마찬가지로 법률요건분류설에 따른다는 것이 통설·판례의 입장이지만, 무효확인소송의 경우 판례는「행정처분의 당연무효를 주장하여 그 무효확인을 구하는 행정소송에 있어서는 원고에게 그 행정처분이 무효인 사유를 주장, 입증할 책임이 있다(대법원 2000. 3. 23. 99두11851)★★★」라고 하여 무효확인소송에서 무효원인에 대한 입증책임은 그 무효를 구하는 원고에게 있다고 하여 원고부담설을 취한다.

## ✹ 제5항  판결

### Ⅰ. 판결의 종류

무효등확인소송도 각하·기각·인용판결이 있다. 다만 사정판결을 준용하는 규정은 없다(전술한 사정판결 참조).★★★

### Ⅱ. 판결의 효력

무효등확인판결도 자박력, 확정력, 기속력 등의 효력이 있다. 다만, 행정소송법 제34조의 간접강제 규정은 준용되지 않는다(전술한 간접강제 참조).★★★

---

💎 **쟁점** 무효등확인소송에 준용되지 않는 취소소송 규정들★★★

① 행정소송법 제18조(행정심판전치)

② 행정소송법 제20조(제소기간)

③ 행정소송법 제28조(사정판결)

④ 행정소송법 제34조(간접강제)

⁺행정소송법 제23조·제24조(집행정지), 제29조(취소판결등의 효력), 제30조(취소판결등의 기속력)는 준용규정 있음.

## 제3절 부작위위법확인소송

### ⊙ 제1항 개념

#### Ⅰ. 의의

부작위위법확인소송이란 행정청의 부작위가 위법하다는 것을 확인하는 소송을 말한다(행정소송법 제4조 제3호). 따라서, 부작위 위법확인이 아닌 <u>작위의무확인청구는 항고소송의 대상이 되지 아니한다</u>(대법원 1989. 1. 24. 88누3314).★★

#### Ⅱ. 성질·소송물

부작위위법확인소송은 주관적 소송이며, 항고소송이며, ⁺확인소송이다(따라서 판결의 형성력이 없다). 그리고 부작위위법확인소송의 소송물은 부작위의 위법성이다(다수설).

### ⊙ 제2항 소송요건

#### Ⅰ. 일반론

부작위위법확인소송도 취소소송과 마찬가지로 소송요건을 구비해야 한다. 따라서 관할권 있는 법원에, 부작위가 존재하고, 원고적격과 피고적격을 갖추어, 일정한 경우 제소기간 내에, 일정한 경우 행정심판을 거치고, 권리보호필요성 요건도 갖추고 있어야 한다.

#### Ⅱ. 대상적격 — 부작위

행정소송법 제2조 제1항 제2호는 '부작위'를 행정청이 당사자의 신청에 대하여 상당한 기간 내에 일정한 처분을 하여야 할 법률상 의무가 있음에도 불구하고 이를 하지 아니하는 것을 말한다고 규정한다.

##### 1. 행정청

⑺ 행정청이란 행정에 관한 의사를 결정하고 이를 외부에 자신의 명의로 표시할 수

있는 행정기관을 말한다(기능적 의미의 행정청).

(내) 행정청에는 ① 전통적 의미의 행정청(해당 행정조직의 우두머리), ② 합의제기관(예: 방송위원회, 공정거래위원회) 외에 ③ 법원이나 국회의 기관도 실질적 의미의 행정적인 처분을 하는 범위에서 행정청에 속하며(예: 법원장의 법원공무원에 대한 징계, 지방의회의 지방의회의원에 대한 징계나 지방의회의장에 대한 불신임의결), ④ 행정소송법 제2조 제2항에 따라 법령에 의하여 행정권한의 위임 또는 위탁을 받은 행정기관, 공공단체 및 그 기관 또는 사인도 포함된다.

## 2. 당사자의 신청이 있을 것

### (1) 신청의 내용

사인은 행정소송법 제2조 제1항 제1호의 처분을 신청해야 한다. 그러나 신청이 반드시 적법할 필요는 없다. 부적법하면 행정청은 거부하면 되기 때문이다.

### (2) 신청권의 필요 여부

#### 1) 문제점

거부처분취소소송 등과 마찬가지로 부작위위법확인소송의 경우에도 부작위의 성립에 행정소송법 제2조 제1항 제2호의 요건 외에 신청권이 필요한지가 논의된다.

#### 2) 판례

(가) 대법원은 부작위의 성립에도 거부처분과 마찬가지로 신청권이 필요하다고 본다. 즉, 판례는 부작위위법확인소송은 아니지만 잠수기어업불허가처분취소 사건에서 「거부처분의 처분성을 인정하기 위한 전제요건이 되는 신청권의 존부는 구체적 사건에서 신청인이 누구인가를 고려하지 않고 관계 법규의 해석에 의하여 일반 국민에게 그러한 신청권을 인정하고 있는가를 살펴 추상적으로 결정되는 것이고 … 따라서 국민이 어떤 신청을 한 경우에 그 신청의 근거가 된 조항의 해석상 행정발동에 대한 개인의 신청권을 인정하고 있다고 보여지면 그 거부행위는 항고소송의 대상이 되는 처분으로 보아야 할 것(대법원 1996. 6. 11. 95누12460)」이라고 하여 신청권이 필요하다고 보았다.★★

(나) 그리고 신청권은 신청인이 그 신청에 따른 단순한 응답을 받을 권리를 넘어서 신청의 인용이라는 만족적 결과를 얻을 권리를 의미하는 것은 아니라고 한다(대법원 1996. 6. 11. 95누12460).★

## 3. 상당한 기간이 경과할 것

① 상당한 기간이란 어떠한 처분을 함에 있어 통상 요구되는 기간을 의미한다. 행정

절차법 제19조 제1항은 처리기간의 설정·공표를 규정하고 있지만(행정청은 신청인의 편의를 위하여 처분의 처리기간을 종류별로 미리 정하여 공표하여야 한다), 그 처리기간은 주의 규정에 불과하기 때문에 그에 따라 공표된 처리기간을 행정청이 준수하지 아니하였다고 해서 바로 상당한 기간이 경과하였다고 보기는 어렵다. ② 그러나 개별법령이 처분의 처리기간에 대해 강행규정을 두고 있다면 그 법정기간이 경과하면 상당한 기간이 경과한 것으로 위법한 부작위가 된다.★

## 4. 일정한 처분을 해야 할 법률상 의무가 있을 것

‘처분’이란 행정소송법 제2조 제1항 제1호의 처분을 말한다. 그리고 여기서의 ★‘일정한’ 처분을 해야 할 법률상 의무란 행정청이 특정한 처분을 할 의무를 말하는 것이 아니라, 신청을 인용하는 적극적 처분 또는 각하하거나 기각하는 등의 소극적 처분을 하여야 할 법률상의 응답의무가 있음에도 불구하고 이를 하지 아니하는 경우를 말한다(대법원 1990. 9. 25. 89누4758).★★ 다만, ‘법률상 의무’에는 명문의 규정에 의해 인정되는 경우뿐만 아니라 법령의 해석상 인정되는 경우도 포함된다.★

## 5. 아무런 처분을 하지 아니할 것

행정청이 아무런 처분도 하지 않았어야 한다. 만일 법령에 일정기간 동안 아무런 처분이 없는 경우 거부처분으로 간주하는 간주거부조항이 있으면 부작위위법확인소송이 아니라 거부처분취소소송 등을 제기하여야 한다.★★★

## Ⅲ. 원고적격·피고적격

① 부작위위법확인소송은 처분의 신청을 한 자로서 부작위의 위법의 확인을 구할 법률상의 이익이 있는 자만이 제기할 수 있다(행정소송법 제36조). ② 그리고 피고는 신청을 받고도 부작위를 하고 있는 행정청이 된다(행정소송법 제38조 제2항·제13조 참조).

## Ⅳ. 권리보호필요성

취소소송의 경우와 같다.

## Ⅴ. 제소기간

### 1. 부작위위법확인소송의 제소기간

#### (1) 문제 상황

행정심판을 거쳐 부작위위법확인소송을 제기하는 경우에는 행정소송법 제20조 제1항 단서 등이 적용되어 문제가 없지만(행정소송법 제38조 제2항 참조), 행정심판을 거치지 않고 부작위위법확인소송을 제기하는 경우 행정소송법 제20조가 적용될 수 있는지 문제된다. 왜냐하면 이 경우에는 외관상 아무런 명시적인 처분등이 없기 때문에 처분등을 기준으로 제소기간을 정하고 있는 행정소송법 제20조를 그대로 적용할 수 없기 때문이다.

#### (2) 판례

판례는 부작위위법확인의 소는 <u>부작위상태가 계속되는 한 부작위위법의 확인을 구할 이익이 있다</u>고 보아야 하므로 제소기간의 제한을 받지 않는다고 본다(대법원 2009. 7. 23. 2008두10560).**★★★**

### 2. 소의 변경과 제소기간

적법한 제소기간 내에 부작위위법확인의 소를 제기한 후, 교환적 변경과 추가적 변경을 거친 경우 제소기간의 준수 여부에 대해 판례는 「당사자가 동일한 신청에 대하여 <u>부작위위법확인의 소를 제기하였으나 그 후 소극적 처분이 있다고 보아 처분취소소송으로 소를 교환적으로 변경한 후 여기에 부작위위법확인의 소를 추가적으로 병합한 경우 최초의 부작위위법확인의 소가 적법한 제소기간 내에 제기된 이상 그 후 처분취소소송으로의 교환적 변경과 처분취소소송에의 추가적 변경 등의 과정을 거쳤다고 하더라도 여전히 제소기간을 준수한 것으로 봄이 상당하다</u>(대법원 2009. 7. 23. 2008두10560)**★★★**」고 한다.

## ○ 제3항  거부처분취소소송(무효등확인소송)으로의 소의 변경

## Ⅰ. 문제 상황

부작위위법확인소송 계속 중 행정청이 거부처분을 한 경우 부작위위법확인소송은 권리보호필요성 결여로 각하된다(<u>소제기의 전후를 통하여 판결시까지 행정청이 그 신청에 대하여 적극 또는 소극의 처분을 함으로써 부작위상태가 해소된 때에는 소의 이익을 상실하게 되어 당해 소는</u>

각하를 면할 수가 없는 것이다(대법원 1990. 9. 25. 89누4758)).**★★★** 따라서 이 경우 부작위위법확인소송을 거부처분취소소송으로 소의 변경을 할 수 있는지가 문제된다. 행정소송법은 부작위위법확인소송의 경우 제37조에서 소 종류의 변경규정인 제21조는 준용하고 있으나, 처분변경으로 인한 소의 변경규정인 제22조를 <sup>+</sup>준용하고 있지는 않기 때문이다.

## Ⅱ. 학설

학설은 ⓐ **부정설**(행정소송법 제37조(제21조)의 취지는 행정소송의 다양성으로 인해 행정소송 간에 소송의 종류를 잘못 선택할 가능성 때문에 인정한 것이므로 부작위위법확인소송 계속 중에 거부처분이 발령된 경우에는 적용되지 않으며, 행정소송법 제22조는 부작위위법확인소송에 준용되지 않음을 근거로 한다)과 ⓑ **긍정설**(부작위위법확인소송 계속 중에 거부처분이 발령된 경우에도 행정소송법 제37조(제21조)를 적용하여 소종류의 변경이 가능하다고 보아야 하며, 만일 소변경을 부정하면 당사자는 별도로 거부처분취소소송을 제기해야 하기에 이를 긍정함이 타당하다(다수견해))이 대립된다.

## ● 제4항  가구제

부작위위법확인소송은 처분등을 다투는 소송이 아니므로 집행정지가 준용되지 않는다(행정소송법 제38조 제2항 참조).**★★★**

## ● 제5항  소송의 심리

## Ⅰ. 심리의 범위

### 1. 문제 상황

행정소송법은 제4조 제3호에서 부작위위법확인소송을 '행정청의 부작위가 위법하다는 것을 확인하는 소송'이라고 정의하고 있어 부작위위법확인소송에 있어서 법원은 행정청의 부작위의 위법성만을 심리해야 하는지 아니면 당사자가 신청한 처분의 실체적인 내용도 심리할 수 있는지가 문제된다(예를 들어 갑이 허가를 신청하였음에도 행정청이 아무런 처분을 하지 않아 부작위위법확인소송을 제기한 경우, 법원은 행정청의 부작위 여부만 심리해야 하는지 아니면 부작위 여부와 갑의 허가 신청에 대한 행정청의 인용 여부도 심리할 수 있는지의 문제이다).

## 2. 학설

ⓐ 부작위위법확인소송의 수소법원은 부작위의 위법 여부만을 심사하여야 한다는 **절차적 심리설**(다수설)과 ⓑ 법원은 단순히 행정청의 방치행위의 위법성 심리에만 그치지 않고 신청의 실체적 내용도 이유 있는 것인지도 심리하여 당사자가 신청한 처분의 인용 여부에 관한 법률적 판단을 하여야 한다고 보는 **실체적 심리설**이 대립한다.

## 3. 판례

판례는 부작위위법확인소송을 '부작위의 위법을 확인함으로써 행정청의 응답을 신속하게 하여 부작위 내지 무응답이라고 하는 소극적인 위법상태를 제거하는 것을 목적으로 하는 소송'으로 보고 있어 **절차적 심리설**을 취하고 있다(대법원 1990. 9. 25. 89누4758).★★★ 따라서 부작위위법확인소송의 수소법원은 부작위의 위법 여부만을 심리할 수 있으며, 당사자가 신청한 처분의 인용여부(=신청한 처분을 할 의무가 있는지 여부)는 심리의 법위에 포함되지 않는다.

## Ⅱ. 위법성 판단의 기준시

취소소송이나 무효등확인소송과는 달리 부작위위법확인소송의 경우에는 처분이 존재하지 않기 때문에 위법성판단의 기준시점은 판결시(사실심변론종결시)가 된다.★★★

## ● 제6항 판결

## Ⅰ. 판결의 종류

판결의 종류로 각하·기각·인용판결이 있다. 다만 사정판결은 문제되지 않는다.★★★

## Ⅱ. 판결의 효력

⑺ 형성력을 제외하면 취소소송과 같다. 따라서 부작위위법확인소송의 인용판결이 있는 경우 행정청은 판결의 기속력에 따라 재처분의무가 발생하며, 간접강제도 가능하다(동법 제38조 제2항, 제30조, 제34조).★★

⑻ 그러나 부작위위법확인소송의 심리범위에서 다수설과 판례는 절차적 심리설의 입장이기 때문에 인용판결이 있는 경우에도 형식적 기속력만 발생한다(절차적 심리설에

따르면 부작위위법확인소송의 인용판결이 있더라도 부작위가 위법하다는 것에만 기속력이 미친다). 따라서 부작위위법확인소송에서 인용판결이 확정된 후 행정청이 당사자의 신청을 거부하였다고 하더라도 이는 행정소송법 제30조 제2항에 따른 재처분(판결의 취지에 따른 재처분=기속력에 반하지 않는 재처분)이기 때문에 원고는 동법 제34조의 간접강제를 신청할 수 없다(신청인이 피신청인을 상대로 제기한 부작위위법확인소송에서 신청인의 제2 예비적 청구를 받아들이는 내용의 확정판결을 받았다. 그 판결의 취지는 피신청인이 신청인의 광주광역시 지방부이사관 승진임용신청에 대하여 아무런 조치를 취하지 아니하는 것 자체가 위법함을 확인하는 것일 뿐이다. 따라서 피신청인이 신청인을 승진임용하는 처분을 하는 경우는 물론이고, 승진임용을 거부하는 처분을 하는 경우에도 위 확정판결의 취지에 따른 처분을 하였다고 볼 것이다. 그런데 위 확정판결이 있은 후에 피신청인은 신청인의 승진임용을 거부하는 처분을 하였다. 따라서 결국 신청인의 이 사건 간접강제신청은 그에 필요한 요건을 갖추지 못하였다는 것이다(대법원 2010. 2. 5. 2009무153)). ★★★

💎 **쟁점** 부작위확인소송에 준용되지 않는 취소소송 규정들★★★

① 행정소송법 제22조(처분변경으로 인한 소의 변경)
② 행정소송법 제23조·제24조(집행정지)
③ 행정소송법 제28조(사정판결)

✚행정소송법 제13조(피고적격), 제18조(행정심판전치), 제20조(제소기간), 제29조(취소판결등의 효력), 제30조(판결의 기속력), 제34조(간접강제)는 준용규정 있음.

CHAPTER

# 03

# 당사자소송

## 제1절 당사자소송의 개념

### ○ 제1항 의의

　　당사자소송이란 행정청의 처분등을 원인으로 하는 **법률관계에 관한 소송** 그 밖에 공법상의 법률관계에 관한 소송으로서 그 법률관계의 한쪽 당사자를 피고로 하는 소송을 말한다(행정소송법 제3조 제2호)(예를 들어 위법한 운전면허취소처분으로 손해가 발생한 경우 위법한 처분을 다투는 것이 아니라 — 이것은 항고소송의 대상이다 — 위법한 운전면허취소처분으로 발생한 재산상 손해의 배상을 청구하는 경우 — 법률(권리 · 의무)관계에 관한 소송 — 를 말한다).

### ○ 제2항 종류

### Ⅰ. 실질적 당사자소송

### 1. 처분등을 원인으로 하는 법률관계에 관한 소송

　　과세처분의 무효를 이유로 한 부당이득반환청구소송, 위법한 운전면허취소처분으로 발생한 재산상 손해에 대한 국가배상청구소송 등을 다수설은 공법상 당사자소송으로 본다. 그러나 판례는 이를 민사소송사항으로 본다.

> **[판례1] 과세처분의 당연무효를 전제로 한 부당이득반환청구소송(민사소송)**
>
> 조세부과처분이 당연무효임을 전제로 하여 이미 납부한 세금의 반환을 청구하는 것은 민사상의 부당이득반환청구로서 민사소송절차에 따라야 한다(대법원 1995. 4. 28. 94다55019).★★★
>
> **[판례2] 국가배상청구소송의 법적 성질(민사소송)**
>
> 구청이 관내청소를 목적으로 운전직원을 두고 차량을 운행한 것은 공권력의 행사로 보아야 하고 이로 인한 손해배상은 특별한 사정이 없는 한 민법의 특별법인 본법을 적용하여야 한다(대법원 1971. 4. 6. 70다2955).★★
>
> **[판례3] 공익상의 필요에 의한 면허어업제한 등으로 인한 수산업법 제81조 소정의 손실보상청구권의 법적 성질(민사소송)**
>
> 내수면어업개발촉진법 제16조에 의하여 준용되는 수산업법 제81조 제1항 제1호는 같은 법 제34조 제1항 제1호 내지 제5호의 소정의 공익상 필요에 의한 사유로 인하여 면허어업을 제한하는 등의 처분을 받았거나 어업면허 유효기간의 연장이 허가되지 아니함으로써 손실

을 입은 자는 행정관청에 대하여 보상을 청구할 수 있다고 규정하고 있는바, 이러한 어업면 허에 대한 처분 등이 행정처분에 해당된다 하여도 이로 인한 손실은 <u>사법상의 권리인 어업 권에 대한 손실을 본질적 내용으로 하고 있는 것으로서 그 보상청구권은 공법상의 권리가 아 니라 사법상의 권리이고</u>, 따라서 같은 법 제81조 제1항 제1호 소정의 요건에 해당한다고 하 여 보상을 청구하려는 자는 행정관청이 그 보상청구를 거부하거나 보상금액을 결정한 경우 라도 이에 대한 행정소송을 제기할 것이 아니라 면허어업에 대한 처분을 한 행정관청(또는 <u>그 처분을 요청한 행정관청)이 속한 권리주체인 지방자치단체 또는 국가를 상대로 민사소송 으로 직접 손실보상금 지급청구를 하여야 한다</u>(대법원 1996. 7. 26. 94누13848).★★

## 2. 기타 공법상의 법률관계에 관한 소송

### (1) 공법상 계약에 관한 소송

공법상 계약에 대한 분쟁은 당사자소송의 대상이다.

◆ **쟁점** 공법상 계약에 대한 중요 판례 정리

**[판례1] 공중보건의사 채용계약의 법적 성질(공법상 계약)과 채용계약 해지에 관한 쟁송방 법(당사자소송)**

전문직공무원인 공중보건의사의 채용계약의 해지가 관할 도지사의 일방적인 의사표시에 의 하여 그 신분을 박탈하는 불이익처분이라고 하여 곧바로 그 의사표시가 관할 도지사가 행 정청으로서 공권력을 행사하여 행하는 행정처분이라고 단정할 수는 없고, … 관계 법령의 규정내용에 미루어 보면 <u>현행 실정법이 전문직공무원인 공중보건의사의 채용계약 해지의 의 사표시는 일반공무원에 대한 징계처분과는 달라서 항고소송의 대상이 되는 처분 등의 성격 을 가진 것으로 인정되지 아니하고</u>, 일정한 사유가 있을 때에 관할 도지사가 채용계약 관계 의 한쪽 당사자로서 대등한 지위에서 행하는 의사표시로 취급하고 있는 것으로 이해되므로, <u>공중보건의사 채용계약 해지의 의사표시에 대하여는 대등한 당사자간의 소송형식인 공법상 의 당사자소송으로 그 의사표시의 무효확인을 청구할 수 있는 것이지, 이를 항고소송의 대상 이 되는 행정처분이라는 전제하에서 그 취소를 구하는 항고소송을 제기할 수는 없다</u>(대법원 1996. 5. 31. 95누10617).★★★

**[판례2] 서울특별시립무용단원의 해촉에 대하여 공법상 당사자소송으로 무효확인을 청구할 수 있는지 여부(적극)**

<u>공무원연금법에 따른 연금을 지급받고, 단원의 복무규율이 정해져 있으며, 정년제가 인정되 고, 일정한 해촉사유가 있는 경우에만 해촉되는 등 서울특별시립무용단원이 가지는 지위가 공무원과 유사한 것이라면, 서울특별시립무용단 단원의 위촉은 공법상의 계약이라고 할 것 이고, 따라서 그 단원의 해촉에 대하여는 공법상의 당사자소송으로 그 무효확인을 청구할 수 있다</u>(대법원 1995. 12. 22. 95누4636).★★★

**[판례3] 광주광역시립합창단원에 대한 재위촉 거부가 항고소송의 대상인 처분에 해당하는지 여부(소극), 공법상 법률관계를 다투는 소송의 형태(당사자소송)**

광주광역시문화예술회관장의 단원 위촉은 광주광역시문화예술회관장이 행정청으로서 공권력을 행사하여 행하는 행정처분이 아니라 공법상의 근무관계의 설정을 목적으로 하여 광주광역시와 단원이 되고자 하는 자 사이에 대등한 지위에서 의사가 합치되어 성립하는 공법상 근로계약에 해당한다고 보아야 할 것이므로, 광주광역시립합창단원으로서 위촉기간이 만료되는 자들의 재위촉 신청에 대하여 광주광역시문화예술회관장이 실기와 근무성적에 대한 평정을 실시하여 재위촉을 하지 아니한 것을 항고소송의 대상이 되는 불합격처분이라고 할 수는 없다(대법원 2001. 12. 11. 2001두7794).★★★

**[판례4] 중소기업기술정보진흥원장이 갑 주식회사와 중소기업 정보화지원사업 지원대상인 사업의 지원에 관한 협약을 체결하였는데, 협약이 갑 회사에 책임이 있는 사업실패로 해지되었다는 이유로 협약에서 정한 대로 지급받은 정부지원금을 반환할 것을 통보한 사안에서, 협약의 해지 및 그에 따른 환수통보는 행정청이 우월한 지위에서 행하는 공권력의 행사로서 행정처분에 해당한다고 볼 수 없다고 한 사례**

중소기업 정보화지원사업에 따른 지원금 출연을 위하여 중소기업청장이 체결하는 협약은 공법상 대등한 당사자 사이의 의사표시의 합치로 성립하는 공법상 계약에 해당하는 점, 구 중소기업 기술혁신 촉진법(2010. 3. 31. 법률 제10220호로 개정되기 전의 것) 제32조 제1항은 제10조가 정한 기술혁신사업과 제11조가 정한 산학협력 지원사업에 관하여 출연한 사업비의 환수에 적용될 수 있을 뿐 이와 근거 규정을 달리하는 중소기업 정보화지원사업에 관하여 출연한 지원금에 대하여는 적용될 수 없고 달리 지원금 환수에 관한 구체적인 법령상 근거가 없는 점 등을 종합하면, 협약의 해지 및 그에 따른 환수통보는 공법상 계약에 따라 행정청이 대등한 당사자의 지위에서 하는 의사표시로 보아야 하고, 이를 행정청이 우월한 지위에서 행하는 공권력의 행사로서 행정처분에 해당한다고 볼 수는 없다(대법원 2015. 8. 27. 2015두41449).★★

### (2) 공법상 금전지급청구소송

예를 들어 공무원이 미지급된 봉급에 대한 지급을 청구하는 소송, 사회보장적 성격의 금전지급을 청구하는 소송 등은 당사자소송의 대상이다.

◆ **쟁점** 공법상 금전지급청구소송에 대한 중요 판례 정리

**[판례1] 부가가치세 환급세액 지급청구(당사자소송)**

납세의무자에 대한 국가의 부가가치세 환급세액 지급의무는 그 납세의무자로부터 어느 과세기간에 과다하게 거래징수된 세액 상당을 국가가 실제로 납부받았는지와 관계없이 부가가치세법령의 규정에 의하여 직접 발생하는 것으로서, 그 법적 성질은 정의와 공평의 관념에서 수익자와 손실자 사이의 재산상태 조정을 위해 인정되는 부당이득 반환의무가 아니라 부가가치세법령에 의하여 그 존부나 범위가 구체적으로 확정되고 조세 정책적 관점에서 특

별히 인정되는 공법상 의무라고 봄이 타당하다. 그렇다면 납세의무자에 대한 국가의 부가가 치세 환급세액 지급의무에 대응하는 국가에 대한 납세의무자의 부가가치세 환급세액 지급청 구는 민사소송이 아니라 행정소송법 제3조 제2호에 규정된 당사자소송의 절차에 따라야 한 다(대법원(전원) 2013. 3. 21. 2011다95564).★★★

[판례2] 중앙관서의 장이 보조금의 예산 및 관리에 관한 법률 제31조 제1항에 의한 보조금 반환을 구하는 경우(당사자소송)

보조금의 예산 및 관리에 관한 법률은 제30조 제1항에서 중앙관서의 장은 보조사업자가 허위 의 신청이나 기타 부정한 방법으로 보조금의 교부를 받은 때 등의 경우 보조금 교부결정의 전 부 또는 일부를 취소할 수 있도록 규정하고, 제31조 제1항에서 중앙관서의 장은 보조금의 교 부결정을 취소한 경우에 취소된 부분의 보조사업에 대하여 이미 교부된 보조금의 반환을 명하 여야 한다고 규정하고 있으며, 제33조 제1항에서 위와 같이 반환하여야 할 보조금에 대하여는 국세징수의 예에 따라 이를 징수할 수 있도록 규정하고 있으므로, 중앙관서의 장으로서는 반 환하여야 할 보조금을 국세체납처분의 예에 의하여 강제징수할 수 있고, 위와 같은 중앙관서의 장이 가지는 반환하여야 할 보조금에 대한 징수권은 공법상 권리로서 사법상 채권과는 성질을 달리하므로, 중앙관서의 장으로서는 보조금을 반환하여야 할 자에 대하여 민사소송의 방법으 로는 반환청구를 할 수 없다고 보아야 한다(대법원 2012. 3. 15. 2011다17328).★★

[판례3] 지방소방공무원의 보수에 관한 법률관계가 공법상 법률관계인지 여부(적극) 및 지방 소방공무원이 소속 지방자치단체를 상대로 초과근무수당의 지급을 구하는 소송(당사자소송)

지방자치단체와 그 소속 경력직 공무원인 지방소방공무원 사이의 관계, 즉 지방소방공무원 의 근무관계는 사법상의 근로계약관계가 아닌 공법상의 근무관계에 해당하고, 그 근무관계 의 주요한 내용 중 하나인 지방소방공무원의 보수에 관한 법률관계는 공법상의 법률관계라 고 보아야 한다. … 지방소방공무원의 초과근무수당 지급청구권은 법령의 규정에 의하여 직 접 그 존부나 범위가 정하여지고 법령에 규정된 수당의 지급요건에 해당하는 경우에는 곧바 로 발생한다고 할 것이므로, 지방소방공무원이 자신이 소속된 지방자치단체를 상대로 초과 근무수당의 지급을 구하는 청구에 관한 소송은 행정소송법 제3조 제2호에 규정된 당사자소 송의 절차에 따라야 한다(대법원 2013. 3. 28. 2012다102629).★★

[판례4] 명예퇴직한 법관이 미지급 명예퇴직수당액의 지급을 구하는 경우, 소송 형태(당사 자소송)

명예퇴직한 법관이 미지급 명예퇴직수당액에 대하여 가지는 권리는 명예퇴직수당 지급대상 자 결정 절차를 거쳐 명예퇴직수당규칙에 의하여 확정된 공법상 법률관계에 관한 권리로서, 그 지급을 구하는 소송은 행정소송법의 당사자소송에 해당하며, 그 법률관계의 당사자인 국 가를 상대로 제기하여야 한다(대법원 2016. 5. 24. 2013두14863).★★

[판례5] 교육부장관(당시 문교부장관)의 권한을 재위임 받은 공립교육기관의 장에 의하여 공립유치원의 임용기간을 정한 전임강사에 대한 해임처분의 시정 및 수령지체된 보수의 지 급을 구하는 소송이 행정소송의 대상인지 여부(적극)

교육부장관(당시 문교부장관)의 권한을 재위임 받은 공립교육기관의 장에 의하여 공립유치원의 임용기간을 정한 전임강사로 임용되어 지방자치단체로부터 보수를 지급받으면서 공무원복무규정을 적용받고 사실상 유치원 교사의 업무를 담당하여 온 유치원 교사의 자격이 있는 자는 교육공무원에 준하여 신분보장을 받는 정원 외의 임시직 공무원으로 봄이 상당하므로 그에 대한 해임처분의 시정 및 수령지체된 보수의 지급을 구하는 소송은 행정소송의 대상이지 민사소송의 대상이 아니다(대법원 1991. 5. 10. 90다10766).★

[판례6] 구 공무원연금법상 퇴직급여결정이 행정처분인지 여부(적극)

구 공무원연금법(1995. 12. 29. 법률 제5117호로 개정되기 전의 것) 제26조 제1항, 제80조 제1항, 공무원연금법시행령 제19조의2의 각 규정을 종합하면, 같은 법 소정의 급여는 급여를 받을 권리를 가진 자가 당해 공무원이 소속하였던 기관장의 확인을 얻어 신청하는 바에 따라 공무원연금관리공단이 그 지급결정을 함으로써 그 구체적인 권리가 발생하는 것이므로, 공무원연금관리공단의 급여에 관한 결정은 국민의 권리에 직접 영향을 미치는 것이어서 행정처분에 해당하고, 공무원연금관리공단의 급여결정에 불복하는 자는 공무원연금급여재심위원회의 심사결정을 거쳐 공무원연금관리공단의 급여결정을 대상으로 행정소송을 제기하여야 한다(대법원 1996. 12. 6. 96누6417).★★★

✱[관련판례] 공무원연금관리공단이 공무원연금법령의 개정사실과 퇴직연금 수급자가 퇴직연금 중 일부 금액의 지급정지대상자가 되었다는 사실을 통보한 경우, 위 통보가 항고소송의 대상이 되는 행정처분인지 여부(소극)

공무원으로 재직하다가 퇴직하여 구 공무원연금법에 따라 퇴직연금을 받고 있던 사람이 철차산업 직원으로 다시 임용되어 철차산업으로부터는 급여를 받고 공무원연금관리공단으로부터는 여전히 퇴직연금을 지급받고 있다가, 구 공무원연금법시행규칙이 개정되면서 철차산업이 구 공무원연금법 제47조 제2호 소정의 퇴직연금 중 일부의 금액에 대한 지급정지기관으로 지정된 경우, 공무원연금관리공단의 지급정지처분 여부에 관계없이 개정된 구 공무원연금법시행규칙이 시행된 때로부터 그 법 규정에 의하여 당연히 퇴직연금 중 일부 금액의 지급이 정지되는 것이므로, 공무원연금관리공단이 위와 같은 법령의 개정사실과 퇴직연금 수급자가 퇴직연금 중 일부 금액의 지급정지대상자가 되었다는 사실을 통보한 것은 단지 위와 같이 법령에서 정한 사유의 발생으로 퇴직연금 중 일부 금액의 지급이 정지된다는 점을 알려주는 관념의 통지에 불과하고, 그로 인하여 비로소 지급이 정지되는 것은 아니므로 항고소송의 대상이 되는 행정처분으로 볼 수 없다. 그리고 미지급퇴직연금에 대한 지급청구권은 공법상 권리로서 그의 지급을 구하는 소송은 공법상의 법률관계에 관한 소송인 공법상 당사자소송에 해당한다고 할 것이다(대법원 2004. 7. 8. 2004두244).★★★

[판례7] 구 특수임무수행자 보상에 관한 법률상의 보상금지급대상자의 확정방법 및 특수임무수행자 보상심의위원회의 의결을 거치지 않고 직접 보상금을 청구하는 소송의 적부(부적법)

구 특수임무수행자 보상에 관한 법률(2006. 9. 22. 법률 제7978호로 개정되기 전) 및 구 시행령(2007. 5. 2. 대통령령 제20041호로 개정되기 전의 것)의 각 규정 취지와 내용에 비추어 보면, 같은 법 제2조, 같은 법 시행령 제2조, 제3조, 제4조 등의 규정들만으로는 바로 법상의 보상금 등의 지급대상자가 확정된다고 볼 수 없고, 특수임무수행자보상심의위원회의 심의·의결을 거쳐 특수임무수행자로 인정되어야만 비로소 보상금 등의 지급대상자로 확정될 수 있다. 따라서 그와 같은 위원회의 결정은 행정소송법 제2조 제1항 제1호에 규정된 처분에 해당하므로, 특수임무수행자 및 그 유족으로서 보상금 등을 지급받고자 하는 자의 신청에 대하여 위원회가 특수임무수행자에 해당하지 않는다는 이유로 이를 기각하는 결정을 한 경우, 신청인은 위원회를 상대로 그 결정의 취소를 구하는 소송을 제기하여 보상금 등의 지급대상자가 될 수 있다. 이와 달리 신청인이 국가를 상대로 직접 보상금 등의 지급을 구하는 소는 부적법하다(대법원 2008. 12. 11. 2008두6554).★★

### [판례8] '민주화운동관련자 명예회복 및 보상 심의위원회'의 보상금 등의 지급 대상자에 관한 결정이 행정처분인지 여부(적극)

'민주화운동관련자 명예회복 및 보상 등에 관한 법률' 제2조 제1호, 제2호 본문, 제4조, 제10조, 제11조, 제13조 규정들의 취지와 내용에 비추어 보면, 같은 법 제2조 제2호 각 목은 민주화운동과 관련한 피해 유형을 추상적으로 규정한 것에 불과하여 제2조 제1호에서 정의하고 있는 민주화운동의 내용을 함께 고려하더라도 그 규정들만으로는 바로 법상의 보상금 등의 지급 대상자가 확정된다고 볼 수 없고, '민주화운동관련자 명예회복 및 보상 심의위원회'에서 심의·결정을 받아야만 비로소 보상금 등의 지급 대상자로 확정될 수 있다. 따라서 그와 같은 심의위원회의 결정은 국민의 권리의무에 직접 영향을 미치는 행정처분에 해당하므로, 관련자 등으로서 보상금 등을 지급받고자 하는 신청에 대하여 심의위원회가 관련자 해당 요건의 전부 또는 일부를 인정하지 아니하여 보상금 등의 지급을 기각하는 결정을 한 경우에는 신청인은 심의위원회를 상대로 그 결정의 취소를 구하는 소송을 제기하여 보상금 등의 지급대상자가 될 수 있다(대법원(전원) 2008. 4. 17. 2005두16185).★★★

### [판례9] 광주민주화운동관련자보상등에관한법률에 의거하여 관련자 및 유족들이 갖게 되는 보상 등에 관한 권리 및 소송의 성격(=당사자소송)과 그 지급에 관한 법률관계의 주체(=대한민국)

같은 법에 의거하여 관련자 및 유족들이 갖게 되는 보상 등에 관한 권리는 헌법 제23조 제3항에 따른 재산권침해에 대한 손실보상청구나 국가배상법에 따른 손해배상청구와는 그 성질을 달리하는 것으로서 법률이 특별히 인정하고 있는 공법상의 권리라고 하여야 할 것이므로 그에 관한 소송은 행정소송법 제3조 제2호 소정의 당사자소송에 의하여야 할 것이며 보상금 등의 지급에 관한 법률관계의 주체는 대한민국이다(대법원 1992. 12. 24. 92누3335).★★★

### [판례10] 구 석탄산업법상의 석탄가격안정지원금 지급청구의 소의 성질(=공법상의 당사자소송)

석탄가격안정지원금은 석탄의 수요 감소와 열악한 사업환경 등으로 점차 경영이 어려워지고 있는 석탄광업의 안정 및 육성을 위하여 국가정책적 차원에서 지급하는 지원비의 성격을 갖는 것이고, 석탄광업자가 석탄산업합리화사업단에 대하여 가지는 이와 같은 지원금지급청구권은 석탄사업법령에 의하여 정책적으로 당연히 부여되는 공법상의 권리이므로, 석탄광업자가 석탄산업합리화사업단을 상대로 석탄산업법령 및 석탄가격안정지원금 지급요령에 의하여 지원금의 지급을 구하는 소송은 공법상의 법률관계에 관한 소송인 공법상의 당사자소송에 해당한다(대법원 1997. 5. 30. 95다28960).★★★

## (3) 공법상 신분·지위의 확인을 구하는 소송

예를 들어 국가유공자의 확인을 구하는 소송은 당사자소송의 대상이다.

> **수신료 부과행위의 법적 성질(=공권력 행사) 및 수신료 징수권한 여부를 다투는 소송의 성격(=공법상 당사자소송)**
>
> 수신료 부과행위는 공권력의 행사에 해당하므로, 피고(한국전력공사)가 피고 보조참가인(한국방송공사)으로부터 수신료의 징수업무를 위탁받아 자신의 고유업무와 관련된 고지행위와 결합하여 수신료를 징수할 권한이 있는지 여부를 다투는 이 사건 쟁송은 민사소송이 아니라 공법상의 법률관계를 대상으로 하는 것으로서 행정소송법 제3조 제2호에 규정된 당사자소송에 의하여야 한다(대법원 2008. 7. 24. 2007다25261).★

## (4) 공법상 결과제거청구소송

예를 들어 국가를 상대로 사인이 자신의 소유물의 반환을 청구하는 소송은 당사자소송의 대상이다(실무에서는 민사소송으로 처리된다).

## (5) 행정처분에 이르는 절차적 요건의 존부나 효력 유무에 관한 소송

> **주택재건축정비사업조합을 상대로 사업시행계획 또는 관리처분계획안에 대한 조합 총회결의의 효력을 다투는 소송의 법적 성질(=행정소송법상 당사자소송)**
>
> 행정주체인 재건축조합을 상대로 사업시행계획 또는 관리처분계획(이하 '관리처분계획 등'이라 한다)에 관한 조합 총회결의의 효력 등을 다투는 소송은 행정처분에 이르는 절차적 요건의 존부나 효력 유무에 관한 소송으로서 그 소송결과에 따라 행정처분의 위법 여부에 직접 영향을 미치는 공법상 법률관계에 관한 것이므로, 이는 행정소송법상의 당사자소송에 해당한다(대법원 2010. 2. 25. 2007다73598).★★★

# Ⅱ. 형식적 당사자소송

## 1. 의의

형식적 당사자소송이란 형식적으로는 처분등으로 인해 형성된 법률관계(주로 재산상 법률관계)를 다투는 소송이나 실질은 행정청의 처분등(위원회의 결정)에 불복하는 소송을 말한다(예를 들어 사업시행자와 토지소유자 간에 보상금에 관한 분쟁이 있어 토지수용위원회(행정청)가 1m²당 10만원의 보상금을 재결한 경우, 토지소유자가 토지수용위원회의 재결을 다투는 것이 아니라 사업시행자를 상대로 보상금의 증액을 청구하는 당사자소송을 제기하는 경우를 말한다. 그러나 이러한 당사자소송은 형식은 당사자소송이지만 실질은 토지수용위원회의 10만 원의 보상금재결에 불복하는 항고소송이다. 따라서 이를 전체로 보아 형식적 당사자소송이라 한다. 아래의 실정법상의 예 참조).

## 2. 인정 근거

당사자가 다투고자 하는 것이 처분이나 재결 그 자체가 아니라 처분이나 재결에 근거하여 이루어진 법률관계인 경우 실질적인 이해관계자를 소송당사자로 하는 것이 소송의 진행이나 분쟁의 해결에 보다 적합하다는 점이 형식적 당사자소송을 인정하는 근거가 된다.

## 3. 실정법상의 예

공익사업을 위한 토지등의 취득 및 보상에 관한 법률 제85조 제2항의 보상금증감청구소송이 대표적이다(제85조(행정소송의 제기) ① 사업시행자, 토지소유자 또는 관계인은 제34조에 따른 재결에 불복할 때에는 재결서를 받은 날부터 60일 이내에, 이의신청을 거쳤을 때에는 이의신청에 대한 재결서를 받은 날부터 30일 이내에 각각 행정소송을 제기할 수 있다. 이 경우 사업시행자는 행정소송을 제기하기 전에 제84조에 따라 늘어난 보상금을 공탁하여야 하며, 보상금을 받을 자는 공탁된 보상금을 소송이 종결될 때까지 수령할 수 없다. ② 제1항에 따라 제기하려는 행정소송이 보상금의 증감(增減)에 관한 소송인 경우 그 소송을 제기하는 자가 토지소유자 또는 관계인일 때에는 사업시행자를, 사업시행자일 때에는 토지소유자 또는 관계인을 각각 피고로 한다). 이 소송의 실질은 토지수용위원회의 보상금재결에 불복하는 것이지만 형식은 대등한 당사자인 사업시행자와 토지소유자(관계인) 사이의 당사자소송이다.

## ○ 제3항  성질

당사자소송은 주관적 소송이며, 시심적 소송이다. 그리고 당사자소송의 성질에 따라 이행소송과 확인소송으로 나누어진다.

## ○ 제4항  항고소송과 당사자소송의 관계

## Ⅰ. 문제 상황

행정소송법 제3조는 행정소송의 종류에서 (특히 주관적 소송) 항고소송과 당사자소송을 규정하고 있는데 양 소송의 관계가 문제될 수 있다.

## Ⅱ. 처분이 취소사유인 경우

처분은 하자가 있다고 하더라도 무효가 아닌 한 권한 있는 기관에 의해 취소되기 전까지는 유효한 것으로 취급된다(공정력, 구성요건적 효력). 따라서 처분에 단순위법인 하자가 있는 경우에는 취소소송 이외의 소송(당사자소송)으로는 처분의 효력을 부정할 수 없어 권리구제를 받을 수 없고 취소소송에 의해서만 처분의 효력을 다툴 수 있다(예를 들어 취소사유인 과세처분이 발령된 경우, 해당 과세처분이 판결로 취소되기 전이라면 조세채무는 존재하는 것이기에 당사자소송으로 조세채무부존재확인소송을 제기해서는 인용판결을 받을 수 없다. 따라서 과세처분취소소송을 먼저 제기해야 한다).★★★

## Ⅲ. 처분이 무효사유인 경우

### 1. 문제 상황

처분이 무효인 경우 처분에 대한 무효확인소송 외에 처분으로 발생한 법률관계에 대해 당사자소송을 제기하여 권리구제를 받을 수 있는지가 문제된다.

### 2. 학설

ⓐ 당사자소송은 공법상 법률관계 일반을 대상으로 하는 포괄적인 소송의 성격을 가지므로 무효확인소송으로 해결이 가능한 경우는 당사자소송이 불가능하다는 **무효확인소송우선설**이 있으나(당사자소송의 보충성을 긍정하는 견해), ⓑ 무효인 처분은 공정력(구성요건적 효력)이 없어 누구든 어떤 방법으로든 그 효력을 부정할 수 있기 때문에 당사자는 무효확인소송이나 당사자소송 중 선택할 수 있다는 **병렬적 관계설**이 다수설이며, 타당하다(당사자소송의 보충성을 부정하는 견해)(앞의 예에서 과세처분이 무효라면 당사자는 ① 과세처분무효확인소송을 제기할 수도 있고, ② 당사자소송으로 조세채무부존재확인소송을 제기하여 인용받을 수도 있고, ③ 양 소송을 행정소송법 제10조 제2항에 따라 함께 제기할 수도 있다).★★★

항고소송은 행정청의 공권력 행사를 직접 대상으로 하지만, 당사자소송은 공권력 행사·불행사로 생긴 법률관계 및 그 밖의 공법상 법률관계를 대상으로 한다.

# 제3절 소송의 당사자

## ○ 제1항  당사자의 종류

⁺국가와 공공단체, 국가와 사인, 공공단체와 사인, 공공단체와 공공단체 간에 당사자소송이 가능하다.

## ○ 제2항  원고적격

행정소송법에는 당사자소송의 원고적격에 대한 규정이 없다. 따라서 민사소송법이 준용되어, 소송의 내용이 이행소송인 경우는 이행청구권이 있음을 주장하는 자이면 원고적격이 인정되고 소송의 내용이 확인소송인 경우는 확인의 이익을 가지는 자에게 원고적격이 인정된다(취소소송과는 달리 행정소송법 제12조의 법률상 이익이 있는 자만이 원고적격을 가지는 것이 아니다).★★

## ○ 제3항  권리보호필요성

당사자소송은 민사소송과 유사하기 때문에 당사자소송 중 확인소송은 즉시확정의 이익이 요구된다(대법원 2002. 11. 26. 2002두1496).★★

## ○ 제4항  피고적격과 피고경정

㈎ 당사자소송은 국가·공공단체 그 밖의 ⁺권리주체를 피고로 하며(행정소송법 제39조), 행정청이 피고가 되지 않는다. 국가가 피고가 되는 경우는 국가를 당사자로 하는 소송에 관한 법률 제2조에 따라 법무부장관이 대표하며, 지방자치단체가 피고가 되는 경우는 지방자치법 제101조에 따라 해당 지방자치단체의 장이 대표한다.★★★

㈏ 당사자소송의 경우도 피고경정이 가능하다(행정소송법 제44조 제1항, 제14조 참조).★★★

## 제5항   소송참가

당사자소송에도 취소소송과 같이 제3자의 소송참가(행정소송법 제16조, 제44조)와 행정청의 소송참가(행정소송법 제17조, 제44조)가 인정된다.

## 제4절 소송의 제기

### ○ 제1항  토지관할

　　당사자소송에 관한 재판관할에도 취소소송에 관한 규정이 적용되어 제1심 관할법원은 피고의 소재지를 관할하는 행정법원이다. 다만, 국가 또는 공공단체가 피고인 경우에는 관계행정청의 소재지를 피고의 소재지로 본다(행정소송법 제40조)(행정소송법 제39조가 당사자소송의 경우 국가·공공단체 그 밖의 권리주체를 피고로 하는 것과 구별하여야 한다).★★★

### ○ 제2항  행정심판전치, 제소기간

　　①　*행정심판의 전치는 적용되지 않는다. ② 그리고 취소소송의 제기기간 규정도 당사자소송에는 적용되지 않는다. 다만, 행정소송법 제41조는 당사자소송에 관하여 법령에 제소기간이 정하여져 있는 때에는 그 기간은 불변기간으로 한다고 규정한다.★★★

### ○ 제3항  관련청구소송의 이송·병합, 소의 변경

　　*관련청구소송의 이송·병합(행정소송법 제44조 제2항, 제10조) 및 소의 변경(행정소송법 제42조, 제21조 제1항; 제44조, 제22조)은 인정된다.★★

### ○ 제4항  가구제

　　당사자소송에는 집행정지가 적용되지 않고, 민사집행법상의 가처분규정이 적용된다(당사자소송에 대하여는 행정소송법 제23조 제2항의 집행정지에 관한 규정이 준용되지 아니하므로, 이를 본안으로 하는 가처분에 대하여는 행정소송법 제8조 제2항에 따라 민사집행법상 가처분에 관한 규정이 준용되어야 한다(대법원 2015.8.21. 2015무26)).★★

## 제5절 소송의 심리

당사자소송에는 <sup>+</sup>행정심판기록제출명령, <sup>+</sup>직권심리주의가 적용된다(행정소송법 제44조 제1항 제25조, 제26조).

# 제6절  소송의 판결

## o 제1항  판결의 종류와 효력

⑺ 판결은 각하·기각·인용판결로 구분된다. 그리고 소송의 내용에 따라 확인판결과 이행판결로 나눌 수도 있다. 다만 <sup>+</sup>사정판결제도는 없다.

⑻ 당사자소송의 확정판결도 <sup>+</sup>자박력·확정력(기판력)·기속력(행정소송법 제44조 참조)을 가진다.

## o 제2항  기타

⑺ 당사자소송에는 제3자에 의한 재심청구가 인정되지 않는다.

⑻ <sup>+</sup>행정소송법 제43조는 '국가를 상대로 하는 당사자소송의 경우에는 가집행선고를 할 수 없다(가집행선고란 승소한 원고의 실효적 권리구제를 위해 피고의 상소 등으로 확정이 되지 아니한 종국판결에 대해 미리 강제집행을 할 수 있는 효력을 부여하는 재판을 말한다)'고 규정한다.<sup>★★</sup> 그러나 헌법재판소가 구 소송촉진등에관한특례법 제6조 제1항 중 단서(재산권의 청구에 관한 판결에는 상당한 이유가 없는 한 당사자의 신청유무를 불문하고 가집행할 수 있음을 선고하여야 한다. 다만, 국가를 상대로 하는 재산권의 청구에 관하여는 가집행의 선고를 할 수 없다)에 대해 위헌을 결정한 후 특례법 조항은 삭제되었다(헌재 1989. 1. 25. 88헌가7). 따라서 법원은 공법상 당사자소송에서 재산권의 청구를 인용하는 판결을 하는 경우 가집행선고를 할 수 있다(대법원 2000. 11. 28. 99두3416).<sup>★★</sup>

---

◆ **쟁점** 당사자소송에 준용되지 않는 중요한 취소소송 규정들(주로 처분등을 전제로 하는 규정들)<sup>★★★</sup>

---

① 행정소송법 제18조(행정심판전치)
② 행정소송법 제20조(제소기간)(단, 행정소송법 제41조에서 당사자소송의 제소기간에 관해 따로 규정함)
③ 행정소송법 제23조·제24조(집행정지)
④ 행정소송법 제28조(사정판결)
⑤ 행정소송법 제29조(취소판결등의 효력)
⑥ 행정소송법 제30조 제2항(판결의 기속력 중 재처분의무)

⑦ 행정소송법 제31조(제3자의 재심청구)

⑧ 행정소송법 제34조(간접강제)

✦행정소송법 제9조(재판관할), 제10조(관련청구소송의 이송·병합), 제14조(피고경정), 제16조(제3자의 소송참가), 제25조(행정심판기록의 제출명령)·제26조(직권심리), 제30조 제1항(단, 제2항은 제외)(판결의 기속력)은 준용규정 있음.

CHAPTER

# 04

# 객관적 소송

객관적 소송이란 주관적인 권리보호가 목적이 아니라, 행정작용의 적법성을 보장받기 위해 제기하는 소송을 말한다(예: 공익을 위한 소송).

---

## 제1절 민중소송

## ○ 제1항 개념

### Ⅰ. 의의

민중소송이란 국가 또는 공공단체의 기관이 법률에 위반되는 행위를 한 때에 직접 자기의 법률상 이익과 관계없이 그 시정을 구하기 위하여 제기하는 소송을 말한다(행정소송법 제3조 제3호).

### Ⅱ. 성질

#### 1. 객관적 소송

민중소송은 당사자 사이의 구체적인 권리·의무에 관한 분쟁의 해결을 위한 것이 아니라, 행정법규의 정당한 적용을 확보하거나 선거 등의 공정의 확보를 위한 소송으로서 객관적 소송이다.

#### 2. 제소권자

민중소송은 법률이 정한 자에 한해 제기할 수 있다(행정소송법 제45조).

#### 3. 법정주의(열기주의)

민중소송은 법률이 정한 경우에 제기할 수 있다(행정소송법 제45조). 일반적으로 제소기간도 개별법률에서 정하고 있다.

## ○ 제2항 민중소송의 예

① 공직선거법상 선거소송(공직선거법 제222조)(대통령선거 및 국회의원선거에 있어서 선거의 효력에 관하여 이의가 있는 선거인·정당 또는 후보자는 당해 선거구선거관리위원회위원장을 피고로 대법원에 제기함)(지방의회의원 및 지방자치단체의 장의 선거에 있어서 선거의 효력에 관한 제220조의 결정에 불복이 있는 소청인(당선인을 포함한다)은 해당 선거구선거관리위원회 위원장 또는 선거관리위원회 위원장을 피고로 하여 비례대표 시·도의원선거 및 시·도지사선거(교육감선거)에 있어서는 대법원에, 지역구시·도의원선거, 자치구·시·군의원선거 및 자치구·시·군의 장 선거에 있어서는 그 선거구를 관할하는 고등법원에 제소함)

② 공직선거법상 당선소송(공직선거법 제223조)(대통령선거 및 국회의원선거에 있어서 당선의 효력에 이의가 있는 정당 또는 후보자가 당선인, 중앙선거관리위원회위원장 또는 국회의장, 당해 선거구선거관리위원회위원장 등을 피고로 대법원에 소를 제기함)(지방의회의원 및 지방자치단체의 장의 선거에 있어서 당선의 효력에 관한 제220조의 결정에 불복이 있는 소청인 또는 당선인인 피소청인이 당선인 또는 선거관리위원회 위원장을 피고로 하여 비례대표 시·도의원선거 및 시·도지사선거(교육감선거)에 있어서는 대법원에, 지역구시·도의원선거, 자치구·시·군의원선거 및 자치구·시·군의 장 선거에 있어서는 그 선거구를 관할하는 고등법원에 제소함)

③ 국민투표법상 국민투표무효소송(국민투표법 제92조)(투표인이 중앙선거관리위원회위원장을 피고로 하여 대법원에 제소함)

④ 주민투표법상 주민투표소송(주민투표법 제25조 제2항)(주민투표권자가 관할선거관리위원회위원장을 피고로 하여 특별시·광역시 및 도에 있어서는 대법원에, 시·군 및 자치구에 있어서는 관할 고등법원에 제소함)

⑤ 지방자치법상 주민소송(지방자치법 제17조)(주민이 단체장을 상대로 해당 지방자치단체의 사무소 소재지를 관할하는 행정법원에 제기함)


## ○ 제3항 적용법규

민중소송에 적용될 법규는 민중소송을 규정하는 각 개별법규가 정하는 것이 일반적이다. 행정소송법은 민중소송에 대해 성질에 반하지 않는 한 취소소송, 무효등확인소송, 당사자소송에 관한 행정소송법의 규정을 준용하도록 규정하고 있다(행정소송법 제46조).★

## 제2절   기관소송

### ○ 제1항   개념

### Ⅰ. 의의

기관소송이란 국가 또는 공공단체의 기관 상호 간에 있어서의 권한의 존부 또는 그 행사에 관한 다툼이 있을 때에 이에 대하여 제기하는 소송을 말한다(행정소송법 제3조 제4호). 다만, 헌법재판소법 제2조의 규정에 의하여 헌법재판소의 관장사항으로 되는 소송은 제외한다.

### Ⅱ. 권한쟁의심판과의 구별

① 형식에서 기관소송은 행정소송이나 권한쟁의심판은 헌법재판이고, ② 대상에 있어 기관소송은 공법상의 법인 내부에서의 법적 분쟁을 대상으로 하는 데 반해, 권한쟁의 심판은 공법상의 법인 상호 간의 외부적인 분쟁을 대상으로 한다. 그러나 헌법재판소법 제62조는 헌법재판소의 관할사항이 되는 소송(예: 국가기관 상호간, 국가기관과 지방자치단체 및 지방자치단체 상호 간의 기관쟁의)을 열거하고 있어 국가기관 상호 간의 분쟁은 권한쟁의심판의 대상이다.

### ○ 제2항   성질

### Ⅰ. 동일한 행정주체 내부기관 간의 소송만을 말하는 것인지 여부

① 기관소송은 동일한 행정주체 내부의 기관 간의 소송으로 보아야 한다는 견해(한정설)(다수설)와 ② 기관소송을 동일한 행정주체 내부의 기관 간의 소송에 한정할 필요가 없이 쌍방당사자가 행정주체가 아닌 기관인 행정소송으로 보아야 한다는 견해(비한정설)가 대립된다. ③ 한정설이 타당하다.

### Ⅱ. 객관적 소송

기관소송은 주관적 권리에 대한 소송이 아니라 객관적 소송의 한 종류이다.

## Ⅲ. 제소권자

기관소송은 법률에 정한 자에 한하여 제기할 수 있다(행정소송법 제45조).

## Ⅳ. 법정주의(열기주의)

기관소송은 법률이 정한 경우에 제기할 수 있다(행정소송법 제45조). 일반적으로 제소기간도 개별법률에서 정하고 있다.


## ● 제3항  기관소송의 예

① 지방의회의 위법한 재의결에 대해 단체장이 대법원에 제소하는 경우(지방자치법 제107조 제3항)★

② 시·도의회의 위법한 재의결에 대해 교육감이 대법원에 제소하는 경우(지방교육자치에 관한 법률 제28조 제3항)★


## ● 제4항  적용법규

행정소송법은 기관소송에 대해 성질에 반하지 않는 한 취소소송, 무효등확인소송, 당사자소송에 관한 행정소송법의 규정을 준용하도록 규정하고 있다(행정소송법 제46조).★

# 색인

**김기홍**
연세대학교 법과대학 졸업
연세대학교 법과대학 대학원(석사)졸업(행정법)
연세대학교 법과대학 대학원 박사과정(행정법)
연세대학교 등 대학특강 강사
나무경영아카데미 세무사 행정소송법 전임강사
변호사시험·5급공채(행정고시)·공인노무사시험 전체 수강생 1위

**주요저서**
**세무사 시험**  2018 세무사 핵심정리 행정소송법,
　　　　　　세무사 행정소송법 기출연습(2018년초 신판출간예정)
**변호사 시험**  로스쿨 핵심정리 행정법, 행정법 기출연습, 행정법 사례연습,
　　　　　　로스쿨 행정법 판례 OX, 로스쿨 객관식 행정법특강
**5급공채(행정고시)**  핵심정리 행정법, 행정법 기출연습, 행정법 사례연습, 행정법 쟁점정리
**공인노무사**  공인노무사 핵심정리 행정쟁송법, 공인노무사 기출·사례 행정쟁송법,
　　　　　　공인노무사 쟁점정리 행정쟁송법

2018
세무사 핵심정리 행정소송법

초판발행　　　2017년 8월 7일

지은이　　　　김기홍
펴낸이　　　　안종만

편　집　　　　문선미
기획/마케팅　　조성호
표지디자인　　김연서
제　작　　　　우인도·고철민

펴낸곳　　　　(주) **박영사**
　　　　　　서울특별시 종로구 새문안로3길 36, 1601
　　　　　　등록  1959. 3. 11. 제3070-1959-1호(倫)

전　화　　　　02)733-6771
f a x　　　　02)736-4818
e-mail　　　　pys@pybook.co.kr
homepage　　www.pybook.co.kr
I S B N　　　979-11-303-3072-3　93360